SEGREDOS DA ALMA

SEGREDOS DA ALMA

Djalma Santos da Silva

1ª Edição

EDUCANDÁRIO LAR DE FREI LUIZ
2013

Segredos da Alma

ISBN 978-85-64703-08-7

Editoração: REDB STYLE Produções Gráficas Ltda.
Capa: Adielson Anselme
Revisão final: Felipe Jannuzzi

Educandário Social Lar de FREI LUIZ
Estrada da Boiúna, 1.367 - Taquara - Jacarepaguá - Rio de Janeiro, RJ
CEP 22723-021
www.lardefreiluiz.org.br
Telefone: (21) 3539-9550
CNPJ 33.760.398/0001-13 - Insc. Est. 82.141.960

Procurai, pois, primeiramente o reino de Deus e
sua justiça, e todas essas coisas vos serão dadas por
acréscimo. Eis por que não deveis vos inquietar pelo
amanhã, visto que o amanhã se ocupará do bem-estar
de si mesmo. A cada dia basta o seu mal.
(Mateus, 6:33 e 34.)

INSTITUIÇÕES DE FREI LUIZ

"A Caridade tudo crê, tudo espera,
tudo sofre e tudo suporta."
São Paulo aos Coríntios, 13:7

EDUCANDÁRIO SOCIAL LAR DE FREI LUIZ

Estrada da Boiúna, 1.367 – Taquara – Jacarepaguá
Rio de Janeiro, RJ – CEP 22723-021
CNPJ 33.760.398/0001-13
Insc. Est. 82.141.960
Telefone: (21) 3539-9550
Site: www.lardefreiluiz.org.br
Presidente: Wilson Vasconcelos Pinto

Obra filantrópica fundada em 1960 cujo objetivo é a assistência, educação e atendimento médico-ambulatorial. Integra a Instituição Ambulatório Médico com serviços de Clínica Médica, Ginecologia e Obstetrícia, Pediatria e Psiquiatria. Todos os serviços são integralmente gratuitos. As equipes médica e odontológica são exclusivamente constituídas pelos irmãos dedicados ao Frei Luiz.

CENTRO ESPÍRITA IRMÃOS DE FREI LUIZ

Estrada da Boiúna, 1.367 – Taquara
Jacarepaguá – Rio de Janeiro, RJ

Obra filantrópica voltada para a assistência espiritual segundo orientação de Allan Kardec e em consonância com o que preceitua o Espiritismo Cristão. Nesse local divulgavam-se sua doutrina e o esclarecimento evangelizante, além de se perfazerem trabalhos de passe, irradiação e atendimento psicofísico-espiritual: desobsessão, distúrbios mentais, funcionais e orgânicos. As sessões públicas realizavam-se todas as quartas-feiras a partir das 19h30min. Os trabalhos foram transferidos para a nova sede, na Estrada da Boiúna, com atendimento também em dois domingos por mês.

SANTUÁRIO DE FREI LUIZ

Estrada da Boiúna, 1.367 - Taquara
Jacarepaguá - Rio de Janeiro, RJ

Local de assento e realização de *Sessões de Materialização* - materializações de entidades espirituais. As materializações, com ênfase na cura espiritual, destinam-se à orientação doutrinária espírito-cristã, à assistência médico-espiritual e, eventualmente, ao transporte de objetos. Registram-se também *Sessões de Psicofonia Direta* - materialização de aparelhos fonadores, utilizados pelos espíritos para transmissão de suas instruções e mensagens, e *Sessões de Fotografias Transcendentais* - fotografias das materializações e das aparições. Regra geral de entidades espíritas e atos médicos cirúrgicos. Seguem-se as *Sessões de Antigoécia*, que objetivam a supressão da ação e dos efeitos perniciosos por parte de espíritos. Esses espíritos encontram-se sob o domínio de magos negros (encarnados ou não), que os utilizam em suas práticas obscurantistas. A antigoécia doutrina e encaminha falanges e mais falanges para os sanatórios e abrigos espirituais.

SANTUÁRIO LUIZ DA ROCHA LIMA

Estrada da Boiúna, 1.367 - Taquara
Jacarepaguá - Rio de Janeiro, RJ

Sede Administrativa e Departamento de Assistência Espiritual altamente especializado. Sua planta física é constituída por um grande anfiteatro com 300 lugares, secretaria, biblioteca, sala de som e local para projeção de cinema. É local de ocorrência de reuniões e palestras doutrinárias dos grandes eventos públicos da irmandade. Processam-se também Sessões de Desobsessão e Sessões de Educação Mediúnica (chamadas por muitos de "Desenvolvimento Mediúnico").

SUMÁRIO

PREFÁCIO

Uma vez mais, sou convidada pelo meu amigo Djalma Santos para prefaciar o livro *Segredos da Alma*.

Li cuidadosamente cada lição e encontrei exatamente o que queria. Com uma leitura simples e direta, o autor se preocupa exclusivamente com os princípios doutrinários espíritas, legados pelo mestre lionês Allan Kardec, não criando polêmicas nem deixando dúvidas a respeito dos assuntos de grande interesse, não só para os espíritas, mas também para a humanidade inteira.

A evolução do homem é contínua e infinita, e os conceitos sobre tudo o que existe estão sempre mudando, exigindo do espírito imortal, esse nômade do espaço, esforço no sentido de se adaptar às novas realidades da vida plena e estuante.

Em *Segredos da Alma*, Djalma aborda assuntos milenares de uma forma objetiva, otimista e alegre, com muita responsabilidade, sem se afastar dos preceitos da Doutrina Espírita, o que torna o livro gostoso de ler, fácil de entender, porque a linguagem nele inserida não contém palavras difíceis que, às vezes, não são encontradas nem mesmo nos dicionários conhecidos.

Dê asas à sua imaginação, ao seu pensamento contínuo, e procure voar com Djalma por meio dessas lições recheadas de amor e otimismo, certos de que as informações do Alto chegam até nós todos os dias através dos livros, das palestras, dos conselhos, dos sonhos, das mensagens mediúnicas, enfim, o importante é a busca incessante desses tesouros imortais.

O homem é o único responsável pelo seu destino, é um caçador dele mesmo, e este livro, certamente, o ajudará nessa busca incansável da eternidade.

Parabéns para você, querido leitor, e para Djalma, pela coragem, pela determinação, desvendando para nós os *Segredos da Alma.*

Ana Maria Spranger Luiz
Coordenadora e apresentadora do Programa
"Sorriso de Esperança", da Rádio Rio de Janeiro.

NOTA DO AUTOR

Talvez a maior fonte de atração da Doutrina Espírita sejam as informações precisas sobre os assuntos prioritários da vida física e espiritual, que durante milênios ficaram escondidas sob a capa do dogmatismo religioso, do fanatismo e, principalmente, do egoísmo dos "iniciados" nas artes esotéricas de todos os tempos.

Durante muitos séculos era quase que proibido falar de Deus, dos espíritos, dos astros, da matéria e, até mesmo, do sexo e do corpo físico.

Ao codificar a Doutrina Espírita, Allan Kardec abriu a arca dos tesouros imortais, colocando ao alcance de todos os conhecimentos necessários para a libertação real do homem a fim de que o espírito imortal, esse andarilho do infinito, através do seu "livre-arbítrio" possa decidir sobre o seu real destino, tendo como base informações que nos chegam do Alto, numa doação amorosa de espíritos superiores que interagem conosco diuturnamente.

Segredos da Alma é apenas um pequeno esforço, um simples voo do meu pensamento contínuo, exteriorizado pelo meu espírito, ávido por conhecer e compartilhar, atendendo à maravilhosa assertiva de Jesus: *Vós sois o sal da Terra. Ora, se o sal se tornar insosso, com que o salgaremos?*

A nossa intenção não é apresentar inovações, nem curiosidades, mas dissertar sobre assuntos já conhecidos de forma simples e direta, tendo Kardec como líder doutrinário indiscutível.

Leia o livro, como se você fosse o próprio autor, procurando através do seu raciocínio a sua maneira peculiar de expressão, e certamente se sentirá gratificado pelo que aprendeu e, principalmente, por se sentir em condições de ensinar.

Salgar vidas, através da interação energética das palavras, é passar para os outros o que temos de melhor, num ato contínuo de dar e receber, enriquecendo os conhecimentos e fugindo do isolacionismo, tão nocivo à nossa evolução no campo intelectual e moral.

Que Jesus, o maior dispensador de bens eternos do mundo, envolva você, querido leitor, em muita paz, muita alegria e muita felicidade!...

Djalma Santos

SEGREDOS DA ALMA

1

DEUS

Certo sábio, que há muitos anos pesquisava a existência e a estrutura íntima de Deus, resolveu realizar uma consulta às pessoas a respeito do assunto, a fim de concluir o trabalho que estava realizando.

Primeiro, procurou um religioso, a quem perguntou:

– Sabe onde Deus está?

E o missionário da fé respondeu com convicção:

– Deus está na igreja, no santuário, no batismo, na sacristia...

O sábio agradeceu a gentileza e continuou o questionamento a respeito do Criador, abordando um filósofo.

– Onde está Deus, indagou ele, e o filósofo lhe respondeu:

– Deus está na poesia, na natureza, nos animais...

Ainda inconformado, o sábio seguiu em frente inquirindo um político que retrucou de imediato:

– Deus está no poder, nos palanques, no povo, no voto...

Sorrindo diante da resposta, abandonou a grande cidade e partiu para o campo, abordando, desta vez, um camponês que capinava numa plantação de milho.

O homem do campo, depois de enxugar o suor do rosto, olhou para cima, para o lado, contemplou o céu, a plantação e finalmente falou:

– Para responder a esta pergunta eu gostaria de fazer outra pergunta:

– Onde Deus não está?

Essa pequena narrativa coincide, plenamente, com a sabedoria inegável de Allan Kardec, quando questiona: Que é Deus? – na pergunta de número 1 de O *Livro dos Espíritos.*

Esta colocação descarta de imediato a ideia de uma deidade[1] com características humanas, antropomórficas, com defeitos, vícios e paixões das criaturas criadas por ele.

A resposta dos espíritos à pergunta de Kardec define Deus como energia de interação universal, inteligência suprema, a consciência cósmica do Universo.

Logo, Deus é imanente, onipresente, imaterial, único, misericordioso, funcionando como se fosse um "útero cósmico", onde tudo se cria, tudo se mantém e tudo se transforma... Temos assim um criador, um mantenedor e um transformador, o que descarta de uma vez por todas a ideia de destruição, pois, se Deus destruísse seus filhos através do fenômeno denominado *morte,* seria ele um rei sem súditos... um general sem soldados... pois a entidade suprema não poderia contar com o auxílio dos cocriadores, que somos nós, e, assim, toda a evolução dos seres estaria prejudicada.

Isso nos leva a considerar que precisamos de Deus e, obviamente, não poderíamos existir sem ele, mas ele também necessita de nós para realizar as transformações necessárias à evolução infinita. O homem não pode criar uma árvore, mas pode cortá-la, transformá-la em tábuas para construções que se tornarão úteis à sociedade.

Todos os filhos de Deus são cocriadores dentro do sistema da imensidade, em plano maior ou menor, obedecendo ao grau de evolução de cada ser na construção do seu destino, em busca da eternidade.

Outra particularidade importante para nossas vidas é que não devemos buscar Deus nas alturas incomensuráveis do infinito, porque,

---

[1]**Deidade:** divindade; pessoa ou coisa que se admira e venera.

se ele é imanente e onipresente, certamente já se encontra conosco. Somos partículas infinitesimais do seu pensamento: uma espécie de exteriorização da sua mente. Jesus, de forma indireta, diz-nos isso: *vós sois deuses,* deixando claro e de forma cabal e completa que Deus é energia interativa que nos modela, organiza, mantém e desorganiza, todas as vezes que isso se fizer necessário à nossa evolução, seja ela física ou espiritual.

Partindo desse princípio, a morte passa a ser apenas uma desorganização imposta por Deus para nos auxiliar a crescer, espécie de estágio entre a vida física e a vida mental.

Por outro lado, Deus não castiga nem dá prêmios, já que tudo que nos tinha que ofertar encontra-se conosco em estado embrionário, latente, aguardando nossas experiências no campo da carne e o concurso do tempo, para que as virtudes aflorem...

Dotou-nos da consciência que em realidade é o nosso moto-próprio,[2] advogado e juiz ao mesmo tempo, acusando-nos, defendendo-nos, absolvendo-nos ou sentenciando-nos, estabelecendo causas e efeitos aqui ou no Além.

O controle das criaturas por parte de Deus é realizado através do "fluido cósmico universal", também denominado hausto divino, uma espécie de "força nervosa". O que existe no Universo, minerais, vegetais, animais, homens, está mergulhado nesse fluido divino, como se fossem peixes dentro do imenso oceano.

O homem evolui infinitamente para Deus até chegar a um ponto máximo em que a mente humana se une de forma indescritível à mente divina.

No Universo, tudo é solidário e todo esse arcabouço tem sua estabilidade mantida por leis inflexíveis que não podem ser adulteradas. Estão sob um único e inteligente comando que se assemelha a um grande pensamento!...

Deus!

---

[2]**Moto-próprio:** documento papal editado por iniciativa pessoal e espontânea do próprio Papa.

2

ESPÍRITO

Desde os mais remotos tempos que o homem questiona a existência do espírito imortal, como andarilho do Universo e nômade do espaço. As narrativas de livros antigos, de todos os povos, falam de seres invisíveis que habitam mundos etéreos e que se comunicam com os homens, fazendo uma espécie de intermediação com Deus.

Na pergunta de número 23 de O *Livro dos Espíritos,* os benfeitores espirituais respondem a Kardec que o espírito é o princípio inteligente do Universo. Afirmam ainda que é criado simples e ignorante, necessitando de experiências no campo da matéria a fim de que possa individualizar-se, percorrendo sucessivamente os reinos mineral, vegetal e animal, quando então recebe na fronte o selo da humanidade, iniciando a partir daí a jornada histórica na direção do reino angélico.

A afirmação do Cristo *vós sois deuses* deixa claro que já possuímos em nós o germe embrionário da perfeição, que necessita apenas de tempo e experiência no plano físico e espiritual para aflorar as virtudes, que são de Deus, mas que constituem nossa herança transcendental.

Hoje, não há mais dúvida de que o espírito é partícula infinitesimal do pensamento divino, programado para evoluir, crescer, superar-se e transcender rumo a Deus, seu criador, mantenedor e transformador, no sistema da imensidade.

O espírito é indestrutível, não pode morrer e se une à matéria a fim de evoluir intelectual e moralmente, em reencarnações sucessivas, estagiando nos dois planos da vida, um material e outro espiritual, até que chegue a um ponto em que não necessitará mais reencarnar, passando a viver dentro da eternidade.

A estrutura íntima do espírito é composta de "energia mental", sutilíssima em relação à matéria bruta, sendo então necessária a utilização de energia intermediária que Allan Kardec denominou *perispírito* e o Apóstolo Paulo denominara como sendo *o corpo espiritual.*

É através do perispírito que o espírito transmite ao corpo físico seus pensamentos, sentimentos e sensações, assim como recebe também os movimentos externos experimentados pelo corpo físico.

Uma vez criado, o espírito jamais poderá desligar-se do seu criador, que é Deus, permanecendo perenemente em união indescritível com a Consciência Suprema que controla os seus atos, protegendo-o em todas as horas, e isto é tão real que Jesus afirmou: *Não temais aqueles que matam o corpo, mas não podem matar a alma, pois até os cabelos de vossas cabeças estão contados.*

O espírito sobrevive à morte e permanece com sua individualidade, com seus méritos e fracassos, em novas dimensões da vida, realizando sempre seus anseios de elevação numa caminhada evolutiva, *homeopática,* na direção das estrelas...

A natureza íntima do espírito ainda é desconhecida do homem, e os próprios espíritos que auxiliaram Kardec nos livros da Codificação dizem-nos isso, talvez por falta de linguagem que possa definir um tipo de energia que desconhecemos ou por falta de aparelhos eletrônicos que meçam ou avaliem esse tipo de matéria desconhecida do homem, rotulada de "energia mental".

Despindo-se do corpo físico, através do fenômeno chamado *morte,* o espírito ganha liberdade no espaço, passando a volitar dentro do seu "campo eletromagnético", que é seu perispírito, ostentando a forma humana que possuía quando na Terra.

Esse campo eletromagnético será tão extenso quanto for seu grau evolutivo, intelectual e moral ou tão restrito quanto haja sido seu comprometimento com a lei divina que rege a vida cósmica.

As percepções do espírito nos mundos invisíveis englobam um ângulo de 360°, ou seja, vê e sente em todas as direções e não sofre as vicissitudes da matéria a não ser em condições especiais.

Os espíritos desencarnados podem se comunicar com os homens que, por sua vez, também são espíritos, envergando um corpo de carne, através de um intermediário que Kardec denominou *médium*. A comunicabilidade ocorre por uma espécie de justa posição do perispírito do desencarnado com o do médium no fenômeno conhecido por imantação.

O pensamento é contínuo. As criações fluídicas do mundo espiritual são realizadas através desse pensamento contínuo que age sobre os fluidos expressando a vontade do espírito imortal.

Quando encarnado, o pensamento do espírito é repassado para órgãos do corpo físico, que executa as ordens do espírito, seu comandante, no campo das realizações humanas.

O espírito é uma exteriorização do pensamento divino; um cocriador das obras realizadas por Deus. Primeiro em campo menor, para que depois de muito tempo, totalmente identificado com a consciência cósmica, possa cocriar em plano maior, agregando as energias esparsas do Universo e construindo as moradas gigantescas que constituem o sistema da imensidade.

3

PERISPÍRITO

O estudo da constituição íntima do perispírito é talvez o maior desafio do homem da atualidade, que acredita na imortalidade da alma e se vê totalmente envolvido com os efeitos de suas experiências terrenas, sem, no entanto, ter condições de avalizar as causas que certamente têm a sua gênese nesse corpo fluídico, que serve de intermediário entre o corpo físico e o espírito imortal.

Forjado por energias sutis que vão desde as mais quintessenciadas, ligadas ao espírito, até as mais grosseiras que se ajustam nas reentrâncias do corpo somático.

Esse envoltório permanente da alma imortal é o responsável por todos os fenômenos que ocorrem com o espírito, tanto no campo da carne como também nas dimensões extrafísicas do Universo.

Assim como a força mental que o irradia, o perispírito também evolui até chegar a um ponto em que suas energias se tornam tão rarefeitas que se fundem com as energias do espírito, que consegue, enfim, sua iluminação.

O cientista espírita, Dr. Hernani Guimarães Andrade, define o perispírito como sendo o Mob, Modelo Organizador Biológico do corpo físico. Isto porque, quando uma entidade espiritual está para reencarnar, ajusta o seu perispírito ao óvulo fecundado pelo espermatozoide, ali se enraíza, modelando e organizando biologicamente as células a partir do ovo materno que passa a denominar-se *zigoto.*

O perispírito passa, então, a atuar como forma de tijolos ou telhas, imprimindo no corpo de carne em formação as características que se acham impressas em sua própria estrutura magnética, dando-nos ideia clara e completa de como nossas faltas leves, médias ou graves lesam essa forma fluídica que passa esses ressaltos ou ranhuras para o novo corpo somático.

Podemos afirmar que os fenômenos mediúnicos são efetivados através do perispírito, que é, por excelência, uma extensão do espírito que o irradia.

O perispírito é parte integrante e permanente do espírito, assim como o corpo físico o é do homem.

A intermediação entre o espírito e o corpo físico é realizada através dos centros de força, a saber:

- centro coronário
- centro cerebral
- centro laríngeo
- centro cardíaco
- centro esplênico
- centro gástrico
- centro genésico, que estão, intimamente, ligados aos plexos de força do corpo físico que possuem funções idênticas, permitindo a manutenção das atividades do sistema celular do arcabouço humano.

O Apóstolo Paulo, seguidor inconteste do Cristo, refere-se ao perispírito como sendo *o corpo espiritual* do espírito, na frase expressa na *1ª Epístola aos Coríntios,* 15:44: *Semeado corpo psíquico, ressuscita corpo espiritual,* numa clara alusão de que o perispírito é o corpo da ressurreição, ou seja, o novo instrumento de expressão do espírito além das dimensões humanas. Diz ainda Paulo de Tarso que existem corpos celestes e corpos terrestres, pois carregamos conosco a imagem do que é carnal e do que é celestial, deixando-nos a ideia formal de que o perispírito acompanha o espírito depois da morte, ostentando a mesma forma humana que possuía na Terra.

Quando ocorre o fenômeno que chamamos *morte,* o perispírito se desprende do corpo físico, devido à ausência do princípio vital, que lhe servia de motor, no trabalho de energização das células do corpo somático, passando a ser o instrumento de exteriorização do espírito no mundo espiritual, formando uma atmosfera psíquica ou *centro eletromagnético,* dentro do qual o titular desse corpo fluídico irá movimentar-se.

A identificação das energias que compõem esse corpo sidéreo, certamente, será de vital importância para a Medicina moderna, que poderá atuar na gênese de todas as enfermidades trabalhando com prevenção, atacando o mal na sua origem.

4

MATÉRIA

Talvez a melhor maneira de defini-la seria perguntando o que ocorreria onde ela não se encontrasse, isto porque tudo que existe no Universo é matéria. Disseminada por todo o Universo, interpenetrando tudo o que existe: minerais, vegetais, animais, homens, anjos e arcanjos, que estariam mergulhados no fluido divino como se fôssemos peixes dentro de um imenso oceano.

A origem da matéria seria o fluido cósmico universal, também denominado hausto divino ou força nervosa do Todo-Poderoso, Deus.

O controle das criaturas é feito através do fluido cósmico, pois a constituição dos corpos que conhecemos é realizada por meio de agregações moleculares, utilizando a combinação das variadas substâncias que provêm de única fonte, a própria consciência cósmica, dando-nos uma ideia de que Deus está em tudo e tudo está em Deus.

Toda matéria é energia condensada, assim como toda energia é matéria dissociada, interagindo entre si, compondo-se ou se decompondo, agregando-se ou desagregando-se, dependendo das forças inumeráveis que a governam.

O portentoso laboratório da natureza trabalha diuturnamente com os chamados corpos simples ou matéria primitiva indecomposta, combinando-os de forma simultânea, para que a matéria tenha infinitas formas de apresentação, sendo, como já afirmamos, ilimitadas as forças que presidem essas combinações químicas, mas que o homem já identificou e utiliza com grande proveito nos laboratórios artificiais.

As forças que comandam a agregação da matéria, convertendo-a em energia ou vice-versa, são conhecidas na Terra como gravidade, coesão, afinidade, atração, magnetismo e eletricidade ativa, e os movimentos vibratórios do agente denominam-se som, luz, calor...

Os tipos de matéria mais conhecidos dos homens são os *sólidos, líquidos e gases* e, só atualmente, estamos tomando conhecimento de algumas variedades da matéria radiante, quais sejam o *laser*, os raios X, o ultrassom, a ressonância magnética, bem como os raios ultravioleta e infravermelhos, mas ainda engatinhamos nessas descobertas que, por certo, trarão muitas novidades para a humanidade.

Há ainda a *matéria fluídica* em que o homem já conhece a eletricidade ou fluido elétrico sem, no entanto, conhecer sua origem, mas trabalhando com as transformações que ela permite, utilizando a *matéria-energia* para gerar eletricidade.

Podemos ainda citar o *fluido magnético*, pouco conhecido, utilizado nos processos de cura, através de aplicação de *passes magnéticos, preces, irradiações e exteriorização do pensamento contínuo.*

Podemos enumerar também a *matéria mental*, esta totalmente desconhecida do homem hodierno, mas que existe, pois faz parte do próprio homem, e o *pensamento contínuo*, que é sua mais elevada expressão. Agindo sobre as mais diversas formas de energia reconversível, impressionando-as e transformando-as utilizando as radiações de potência do espírito imortal, provocando os fenômenos *eletromagnéticos da mediunidade.*

Na realidade, é essa energia mental que direciona e organiza todas as outras formas de energia, energizando as ideias que se corporificam em formas-pensamentos, que podem ser temporárias, vivificadas ou materializadas através da densificação num processo contínuo de cocriações dentro do Universo Infinito em que vivemos.

A energia mental é a força maior que o homem retrata sempre como se fosse imagem viva, nossas emoções e nossos sentimentos, independentemente de estarmos encarnados ou desencarnados, aqui ou no Além, através das vibrações dos nossos pensamentos que, na realidade, são individualidades e que encontram sintonia fluídica nos nossos semelhantes, trazendo-nos alegria ou tristeza, dependendo do tipo de energia que estamos jogando para fora de nós e consequentemente recebendo.

A energia mental gerada pelo espírito imortal, antes de seguir o seu curso, atingir o seu alvo, passa pelas reentrâncias do perispírito e ali é fotografada, deixando as marcas indeléveis dos sentimentos puros ou impuros, o que levou Emmanuel, o benfeitor espiritual, a dizer ao médium Francisco Cândido Xavier: *Ninguém lesa o próximo, sem lesar antes a si mesmo.*

As "entidades arcangélicas", por empréstimo, tomam da matéria primitiva, no seu estado atômico, e manipulam esses corpúsculos de fótons, agregando e formando sideralmente as nebulosas, os sóis, as estrelas, os planetas dentro do Sistema da Imensidade.

5

CORPO FÍSICO

O corpo físico é o instrumento utilizado pelo espírito imortal na Terra para executar sua evolução espiritual, constituindo-se seu envoltório externo mais grosseiro, porém imprescindível ao seu desenvolvimento moral e intelectual; uma espécie de doação divina, ou seja, uma tocha olímpica que ele, espírito imortal, deve conduzir com coragem, fé e determinação até "a pira da eternidade" após passar por várias transformações através do fenômeno conhecido como *morte.*

A matéria utilizada pelo espírito para organizar o seu corpo físico é retirada da natureza do mundo onde está vivendo, por empréstimo, e a morte é a devolução desses recursos físicos, que voltando à natureza vão animar outros seres, num processo contínuo de agregação e desagregação de átomos em que a própria matéria também evolui e se aperfeiçoa com a direção e a supervisão do espírito imortal, esse inquilino do espaço infinito, e sob o comando indiscutível de Deus.

Eis que temos um altar, disse o Apóstolo Paulo, e é nesse santuário que devemos adorar a Deus.

O corpo físico não deve ser adulterado, mutilado ou vilipendiado sob nenhum pretexto e sim conservado, mantido sob aspectos especiais durante toda a vida terrena, enobrecendo a existência e reconhecendo com gratidão e amor essa doação divina desse instrumento de evolução. Deus nos fala através de palavras de vida eterna e temos que ser sensíveis a essas emanações que chegam até nós pelos mais variados canais da comunicação, quer seja por um livro ou página dispersa ou ainda avisos ou admoestações, conselhos, sonhos, premonições...

O corpo físico é formado por bilhões de células que se renovam constantemente, modeladas, organizadas biologicamente pelo perispírito que, utilizando-se do princípio vital, mantém as células em movimento contínuo, atendendo aos anseios do bom e do belo, manifestados pelo espírito através do pensamento contínuo.

O corpo físico é o órgão excretor do espírito, já que, por meio dele, dores, sofrimentos, inibições e desilusões são externados para fora do campo mental, fazendo com que o titular do corpo passe pelo cadinho das depurações, algumas das quais dolorosas, que deixam marcas indeléveis devido à rebeldia do ser, mas que dão ao espírito, depois de largo tempo envergando a vestimenta carnal, as condições necessárias para continuar evoluindo sempre. Estruturando uma fortaleza íntima costurada com os fios das experiências terrestres, que serão de grande valia na romagem do espírito, além das dimensões extrafísicas.

As enfermidades graves que acometem o corpo físico têm sua origem no perispírito, que deságua todas as mazelas no envoltório mais grosseiro (o corpo).

Em contrapartida, ali podem e devem desaguar alegrias, pensamentos otimistas, de bom ânimo, de coragem...

Logo, o espírito é quem adoece.

6

NASCIMENTO

O nascimento é um dos pontos preponderantes da reencarnação e ocorre sempre de forma natural, dando-nos a impressão de que o processo de formação do novo nascimento é espontâneo, quando, em realidade, obedece a uma diretriz espiritual comandada pela mente imortal que, através do perispírito, modela e organiza biologicamente o corpo físico do espírito reencarnante.

O desenvolvimento do organismo individual dos seres e, em especial, do homem recebe o nome científico de ontogenia, que é a história da evolução do *zigoto,* óvulo fecundado pelo espermatozoide, até a maturidade do ser.

A fusão do espermatozoide masculino com a célula germinativa feminina forma o *zigoto,* que faz migração ao longo da trompa de Falópio até o útero, fixando-se aí. Multiplicando-se pela cissiparidade, em dois, depois em quatro, oito, ... até formar uma massa compacta de células, denominada *mórula,* todas idênticas, implantadas na parede uterina da mulher.

Inicia-se, então, o segundo período denominado *organogênese,* que é a separação das células, diferenciando-se uma das outras a fim de formarem os tecidos e os órgãos que irão constituir o indivíduo. São formados a pele, o sistema nervoso, o aparelho visual, o esqueleto, o sistema sanguíneo, as vísceras etc.

Nos atuais dias, a Ciência conhece praticamente tudo o que ocorre desde a fecundação até a formação e desenvolvimento do ser. Sabe-se que as células possuem o mesmo patrimônio hereditário, mas está *longe de esclarecer o que faz com que células iguais entre si e indiferenciadas, a partir de determinado momento do desenvolvimento embrionário, comecem a tomar rumos diferentes, originando sistemas tão diversos como o sanguíneo e o nervoso, por exemplo.*

O *projeto genoma* em estudos contemporâneos pretende em curto espaço de tempo descobrir e descrever todo esse patrimônio hereditário do homem, tendo por base a identificação dos genes que fazem parte da grande e complexa molécula chamada ADN (ácido desoxirribonucleico), que se responsabiliza pelas características físicas do organismo humano.

Os cientistas no *projeto genoma* desejam saber de quem parte a ordem para que o DNA das células do corpo físico em formação passe a codificar moléculas e estruturas diferentes, constituindo tecidos e órgãos do organismo somático.

Essas e outras respostas, nós espíritas, encontramos no perispírito, o intermediário entre o espírito imortal e o corpo físico.

O perispírito funciona como modelador e organizador biológico e já traz consigo a *maquete* ou a forma exata que irá plasmar no novo corpo, perfeito, com defeitos físicos ou mentais, dependendo, é óbvio, das experiências anteriores no campo do bem ou do mal...

Nossas faltas, nossos equívocos leves, médios ou graves lesam o perispírito (chamado por alguns de corpo espiritual) e, por ocasião do novo nascimento, passam à massa celular em formação essas lesões ou mazelas morais nele implantadas, surgindo daí as enfermidades de difícil diagnóstico, como, por exemplo, a falta de visão, de audição, de fala, a paraplegia e a tetraplegia, a falta de membros, as distonias mentais como a loucura, a idiotia, o mongolismo etc...

Decorre então que nascimento, vida e morte são incógnitas da mesma equação que chamamos de eternidade, existindo entre esses três ciclos uma interação energética e magnética associando-os numa simbiose milenar!

É importante nascer cada vez melhor com um corpo mais perfeito sem inibições. Mais sutil, com menos necessidades materiais, mais harmônico no seu funcionamento biológico a fim de dar condições reais de evolução ao espírito que o mantém.

Precisamos viver intensamente, aproveitando todos os minutos, horas e dias de nossa vida terrena como se aquele minuto fosse o último; sempre com alegria, boa vontade, fé e esperança, sem esmorecer, trabalhando sempre em benefício dos outros e do nosso próprio, buscando novas forças de atração no campo das aquisições espirituais, com denodo e afinco nesse mister.

Conquistemos a alegria de viver, perdoando a todos, não prejudicando ninguém; amando a natureza e observando o que ela tem a nos ensinar, não descartando nenhuma oportunidade de aprendizado.

Somos eternos aprendizes da vida estuante e universal.

A morte também deveria ser encarada com naturalidade, dignidade, sem culpas, medos ou remorsos.

A morte é a porta para a vida verdadeira que se abre de par em par, dando-nos oportunidades renovadas de evolução que, certamente, nos levarão ao encontro dos ideais de crescimento e de amor ao Criador, Deus.

7

VIDA

A vida é um prêmio divino, uma doação incondicional do amor de Deus pelas suas criaturas, uma tocha olímpica colocada nas mãos do atleta da eternidade, que é o espírito imortal, a fim de que ele a dignifique, protegendo-a com carinho, alegria e amor durante toda a sua jornada na Terra, só permitindo a sua extinção através do desgaste provocado pelo tempo, suportando com coragem os reveses que, certamente, se abaterão sobre o corpo físico, que é o detentor da energia vital, cuja preservação terá que ser mantida até o momento final da nossa partida para o mundo espiritual.

A vida física do ser humano é comandada e direcionada pelo espírito, que é o dono do corpo que o abriga e lhe serve de instrumento, e é exatamente por isso que está ligado através do perispírito, que sofre impacto toda vez que o corpo físico experimenta sensações desagradáveis, assim como se sente bem quando seu instrumento externo está sadio, equilibrado e em pleno funcionamento celular.

A vida física está intimamente ligada à vida universal e eterna, porque é através da primeira que se chega à segunda, e ninguém conquistará em definitivo a vida espiritual se não vencer antes os obstáculos naturais da vida material que consistem em evoluir moral e intelectualmente; aprender a convivência pacífica; despojar-se dos vícios, desejos e paixões; desapegar-se dos bens terrenos; abolir a violência escrita, oral, física e mental; adotar o perdão e a renúncia; conquistar laços de amizade e fraternidade e finalmente buscar o amor sincero, que deve partir do fundo do coração, envolvendo a tudo e a todos.

A vida física desenvolve-se em quatro períodos distintos:

- a fase da infância
- a fase da juventude
- a fase da madureza
- a fase da velhice

Deus preestabeleceu que durante a infância tivéssemos proteção especial por parte dos pais e das demais pessoas, proteção esta estendida aos jovens que, na grande maioria, não a aceitam, preferindo distanciar-se dos mais velhos. Acreditam os desta fase que sabem tudo. Não desejam interferências no seu modo de agir, mostram-se arredios diante de qualquer conselho ou advertência... Já na madureza, a pessoa deseja seguir sozinha, procurando caminhos, por vezes, equivocados, surgindo reveses decorrentes da invigilância, da prepotência, da preguiça, da intolerância e, principalmente, da intromissão na vida dos semelhantes, inclusive na vida dos mais velhos, que certamente têm mais experiência, invertendo-se o papel da dramaturgia humana. Já na velhice, fase que deveria representar o juízo e a razão, a reflexão e o recolhimento, continuidade do trabalho mental e, na maioria dos casos, do trabalho físico, nem sempre isso ocorre.

Aqueles que defendem a paralisação total das atividades dos idosos ignoram as Leis Divinas que exigem do homem atividade constante até a morte, respeitando-se, evidentemente, as forças energéticas de cada ser, não exigindo de ninguém o que não possa dar e procurando aproveitar o potencial de cada um, dignificando a criatura humana, que se sentirá feliz em ser útil e contribuir na manutenção do lar de alguma forma.

Os idosos necessitam receber do grupo familiar atendimento especial, recheado de respeito, carinho, amor, pois que representam a experiência que todos temos que enfrentar.

Moisés deixa claro o fato quando proclama: *Honra teu pai e tua mãe, para que teus dias se prolonguem na Terra*, afirmativa corroborada por Jesus, nosso modelo e guia por inúmeras vezes.

Somos aprendizes da vida, nessa infinita sucessão de idas e vindas pelas reencarnações, até que sublimados pelas conquistas no campo do amor possamos atingir a eternidade.

8

MORTE

Aqui na Terra, um dos maiores enigmas que o homem deve desvendar é, sem dúvida alguma, a morte, que há milênios vem renovando a humanidade através de seu impacto aparentemente cruel, mas que se estudada e observada nos mostra ser ainda desconhecida da maioria das pessoas que só raciocinam em termos de perda total, quando na realidade a morte é apenas um intervalo, um estágio entre duas vidas.

A inconformação diante da perda dos entes queridos, transformados pela ação niveladora da morte, ainda perturba praticamente quase todos, inclusive aqueles que já possuem algum tipo de conhecimento ou professem religiões das mais diversas; no entanto, ela sempre se mostrou como uma colecionadora das folhas esparsas da biografia terrena a fim de dar ensejo ao encontro da própria consciência. A morte tem a função ingrata de agir como espada impiedosa que a ninguém perdoa, despedaçando heróis ou anônimos, ricos ou pobres, numa atitude democrática diante da vida, demonstrando também que não tem nenhum poder, pois é apenas como um "caminhão", um caminhão que faz mudanças, só faz a mudança, levando-nos, sem o corpo físico, para o outro lado da vida...

O homem é o único responsável por essa mudança de plano vibratório e levará, para o outro lado da vida, o céu ou inferno que construiu dentro de si mesmo, decorrendo daí que o importante será o tipo de carga que vamos colocar em cima do "caminhão-morte". Se colocarmos carga corrosiva, como maldade, ódio, ressentimento, inveja, orgulho ou egoísmo, certamente encontraremos muitas dificuldades na nova moradia, mas ao levarmos carga leve, como a bondade, a paciência, a caridade, os laços fraternos e a solidariedade, não teremos nenhum problema em nos adaptar à nova situação, pois ganharemos nossa real liberdade, e a morte, tão temida por todos, será apenas um sono que se completa, enchendo nosso coração de alegria e felicidade.

A falta de educação adequada em relação à morte dificulta nossa compreensão deste fenômeno natural da vida plena e estuante, e é até curioso, pois nos educamos para tudo que, na realidade, não temos real certeza, deixando de nos educar para a única coisa de que temos absoluta certeza: iremos morrer!...

Deus nos permite morrer, mas não da forma como entendemos, e sim através de transformação biológica, necessária à nossa libertação porque nos desorganizaremos, fisicamente, a fim de nos organizarmos, espiritualmente.

A morte não representa para os espíritas nenhuma incógnita nem opção, ela é real e todos nós sabemos disso, pois convivemos com ela há milênios sem perceber que sua função principal é nos abrir as portas do mundo espiritual, desorganizando nosso corpo físico, mas ao mesmo tempo dando ensejo para que surja o corpo espiritual que, como afirmava o Apóstolo Paulo, é o *corpo da ressurreição*. Depois da morte, o espírito continua suas experiências no mundo dos pensamentos ou espiritual, mantendo intacta sua individualidade, suas aquisições no campo moral e intelectual, ostentando um "corpo fluídico" que tem a forma humana.

A educação para a morte necessita ser simples e natural e não requer das pessoas nenhum esforço especial, a não ser a boa vontade delas em evoluir e crescer, obedecendo às leis dos homens e de Deus. Adotando a alegria como fonte inexaurível de recursos humanos e espirituais; procurando manter um relacionamento amoroso com os irmãos de luta; evitando todo tipo de violência quer seja física, escrita, oral e mental; procurando desprender-se dos bens materiais; admitindo com absoluta certeza a existência de Deus; a imortalidade da alma; a conquista dos laços de amizade e da fraternidade; a busca de uma religiosidade íntima; e a fé inabalável de que Jesus é nosso Modelo e Guia, sempre presente em todos os momentos de nossa vida.

A morte é a porta da vida, a verdadeira, a continuação de tudo o que construímos para o bem ou para o mal e não influi em nada que possa nos beneficiar ou prejudicar. Ela é totalmente neutra, não transforma ninguém em santos ou sábios, dá-nos apenas a oportunidade de continuarmos a sequência da vida plena e imortal.

A morte é imperativo biológico. Através do banho eletromagnético nos impõe um outro corpo, mais sutil, mais rarefeito, mais dinâmico, com muito mais possibilidade de expressão, tanto no mundo espiritual quanto no mundo físico, utilizando um intermediário que chamamos de *médium*.

O corpo espiritual (perispírito) é o corpo da ressurreição, ficando claro que só o corpo físico permanece na sepultura, enquanto o espírito imortal, esse viajor incansável da eternidade, ostentando seu corpo fluídico com a forma humana, ressurge vitorioso a fim de continuar sua jornada milenar além das dimensões humanas na direção das campinas siderais do infinito.

9

ANJOS E DEMÔNIOS

A ideia de que alguns religiosos não aceitam a *existência do espírito* ou a imortalidade da alma não é de todo verdadeira, porque, ao admitirem as figuras dos anjos ou demônios, automaticamente aceitam a tese de que existem seres invisíveis, usando um rótulo que se ajusta aos seus princípios doutrinários.

Segundo a visão da Igreja Católica, os espíritos decaídos e maus estão perdidos para sempre, condenados ao inferno ou purgatório, e jamais teriam condições de se reabilitarem, assumindo postura diferente do Espiritismo, que aponta a reencarnação como sendo a oportunidade de o espírito devedor saldar suas dívidas até o último ceitil, como nos diz o Evangelho, porque o homem volta à Terra para aprender, depurar-se, numa consequência progressiva de evolução que, certamente, o levará aos mundos superiores.

A doutrina espírita não aceita o inferno nem os demônios e, sim, admite espíritos equivocados que cometem faltas leves, médias ou graves, consciente ou inconscientemente, e, por isso, se enquadram nas leis de causa e efeito até que, reajustados pelas leis divinas, possam seguir o curso progressivo e natural da evolução infinita.

Outro detalhe importante: se mesmo aqui na Terra, com todas as suas imperfeições, criminosos de todos os matizes, tipos monstruosos em suas ações, tão maus e tão perversos que necessitam ser segregados da sociedade, conseguem regenerar-se *depois de algum tempo de reeducação*, por que o chamado *demônio*, que é o próprio homem despido da veste carnal, não poderia também reabilitar-se?

O mesmo ocorre com anjos que também são espíritos sem a roupa carnal e que, através de esforço próprio, evoluíram no caminho do bem e, por isso, ostentam a luminosidade que os distingue, já que percorreram a esteira do tempo, superando, no entanto, as dificuldades da caminhada evolutiva, ajustando-se às Leis Divinas e à dos homens.

O céu, o inferno e o purgatório são apenas estados temporários da alma imortal que não se fixa de forma permanente em nenhum desses estágios, e sim passa por eles, num trabalho progressivo, no campo moral e intelectual, passando, é óbvio, pelo rol das reencarnações sucessivas.

Nenhum espírito, esteja na Terra ou no mundo espiritual, está destinado a ser sempre mau. O fanal do homem é ser um *ser* integral, feliz. O homem está fadado à felicidade desde que se esforce para tal, num longo ou curto espaço de tempo, dependendo dele próprio...

A justiça de Deus é equânime, justa e leal.

O Espiritismo não aceita a pena de morte. Considera-a um retrocesso, um atraso moral, que o nivelaria com o criminoso, não dando nenhuma oportunidade de reabilitação; ao contrário, comprometendo-se com o crime e com o criminoso, que, se confinado a um local com regime rígido de disciplina e trabalho, alcançará sua reeducação e ressocialização, transformando-se num cidadão exemplar para alegria de todos.

Os anjos não são figuras estáticas que vivem ao lado de Deus, adorando-o dia e noite, e sim espíritos elevados, moral e intelectualmente, que trabalham incessantemente como cocriadores junto ao eterno, no sistema da imensidade, recheado de vida plena e estuante; cada um de nós, mesmo imperfeitos, rotulados de "demônios", empreenderá um esforço hercúleo de trabalho e determinação para crescer, evoluir, superar-se, na vivência com as coisas externas, para finalmente, depois de muito tempo, conquistar os valores internos da alma.

Ainda que o homem externo se corrompa, o interno se renova sempre, diz-nos Paulo, desmistificando a eternidade das penas e dos castigos, abolindo a figura tétrica do demônio, afirmando de forma cabal e completa que o demônio temporário externo, depois de múltiplas experiências reencarnatórias, dará lugar ao anjo interno com asas fluídicas para voar na direção da eternidade.

10

DROGAS

Podemos definir droga como qualquer substância química, de origem natural ou sintética, que pode ser usada para alterar a percepção, o humor ou outros estados psicológicos, não estando incluídas nessa assertiva as drogas medicinais usadas no tratamento de doenças orgânicas.

Essa definição engloba o álcool e o tabaco, representando as drogas legalizadas, de uso permitido por lei, mas que provocam dependência física, prejudicando a saúde do indivíduo.

Somente o fumo mata cerca de quatro milhões de pessoas anualmente que ao desencarnarem se tornam suicidas indiretas. A nicotina é veneno pernicioso, cancerígeno, inclusive.

O álcool altera o comportamento psíquico do viciado, levando-o a se mostrar, por vezes, ridículo diante dos outros, além de afetar drasticamente o organismo com seu uso constante.

Beber ou fumar é encarado como atividade socialmente aceitável, isso porque existem indústrias de exaltação a essas drogas. Os filmes que foram campeões de bilheteria são aqueles em que as personagens bebem e fumam ininterruptamente.

As drogas consideradas ilegais são a morfina, o ópio, o LSD, a maconha, a heroína, o *crack*, todas provocando dependência química que, com tempo de uso, independentemente da *overdose*, têm efeito letal.

O chamado mundo do entretenimento confere um *glamour* e uma atração às drogas, e o jovem inexperiente considera difícil resistir. Inocentemente, desejam "viajar" nas ilusões da tela, do palco, do estúdio e das quadras de esporte, desconhecendo o perigo que isso lhes acarretará futuramente. Dão-se conta da situação quando já se encontram viciados, numa condição praticamente irreversível, levando aos familiares, amigos e afins a angústia, o desespero, a infelicidade...

Geralmente, levados para esse "mundo" por alguém que se lhes diziam amigos, colegas de trabalho, de profissão, ou até de parceiros amorosos que os incitam às sensações de êxtase provocadas pelas drogas.

Em geral, quem essa "parceria" aceita está em fragilidade emocional, carência afetiva, excesso de timidez, excessiva curiosidade, tem necessidade de permanecer acordado, possui dificuldades nos relacionamentos, quaisquer que eles sejam, baixa autoestima ou sente-se atraído a fugir dos compromissos da vida.

A expansão de seu uso, mundialmente falando, é um alerta que incide sobre a fraqueza e as falhas da sociedade hodierna, além de indício de solidão, e mostra o desespero das pessoas que vivem obcecadas pelo sucesso, deixando de lado suas necessidades emocionais e espirituais.

Existem grupos, não governamentais, que defendem a legalização de algumas dessas drogas como sendo a forma de diminuir-lhes o consumo, julgando-as inofensivas, na falsa alegação de que se "fossem menos citadas seriam menos consumidas".

Há que se fazer profundo estudo da causa para que se possa conseguir atacar com eficiência os efeitos...

Deve haver um esforço daquele que consome, juntamente com seus familiares, usando recursos físicos e espirituais.

O viciado deve ser visto e tratado como enfermo, e não como delinquente, realizando-se em primeiro lugar a desintoxicação do paciente para em seguida serem utilizados recursos químicos necessários.

A crença em Deus e a prática da religiosidade são antídotos eficazes.

Daí haver a necessidade de levarmos as crianças aos cultos de nossa doutrina, ao evangelho no lar, as escolas de evangelização, aos serviços de ajuda ao próximo, às visitas em abrigos e orfanatos, acostumando-as desde a mais tenra idade a esses trabalhos meritórios.

Os pais e responsáveis jamais poderão esquecer a compreensão, o carinho, a amizade que deve ser permutada com seus filhos, com as crianças em geral.

Num lar bem estruturado emocionalmente, os jovens *descobrem* que os pais são seus melhores conselheiros, buscando-os quando encontram quaisquer dúvidas sob os mais diversos tipos de assunto...

Há sintomas que denunciam o envolvimento com drogas – falta de apetite, isolamento, irritação constante, depressão excessiva, olhar perdido, afastamento dos amigos, desleixo com a higiene, necessidade de sempre ter dinheiro à mão – que, certamente, serão usados para o consumo do tóxico...

O mercado ilegal da droga movimenta bilhões de dólares, fomenta crimes e terrorismo constante. Envolve pessoas de todas as classes sociais, corrompendo a tudo e a todos que, em má hora, a ele se ligam.

O Espiritismo não é *contra nada nem ninguém*, mas levanta-se a favor dos jovens aliciados no nosso universo!

11

CRESCIMENTO ESPIRITUAL

A identificação das nossas próprias falhas, reconhecendo que o ódio, o ciúme, a inveja, o egoísmo, a intolerância, a mentira, o ressentimento, a maledicência e a avareza ainda fazem parte da nossa personalidade, é um excelente ponto de partida para quem está, realmente, interessado em desenvolver qualidades espirituais.

O trabalho de conscientização dos ideais nobres da vida provoca mudanças radicais na nossa maneira de falar, de agir e de pensar em todos os que desejam mudanças no comportamento, nas atitudes e, principalmente, nos exemplos.

No estágio atual em que evoluímos, ainda é muito difícil aceitarmos nossas imperfeições, isso porque perdemos longo tempo ajuizando os outros, esquecendo que também podemos ser julgados pelos muitos equívocos que já cometemos nessa e em outras vidas, que permanecem dormitando na consciência imortal que somos, aguardando apenas um pequeno sinal para que sejam afloradas.

Emmanuel, guia espiritual de Francisco Cândido Xavier, diz com muita propriedade no livro *Fonte Viva: O criminoso é sempre aquele que foi descoberto.*

É muito importante para nossas vidas, não disputar nada que possa provocar rixas ou celeumas, nem entrar em discussões estéreis, e sim procurar relaxar internamente, deixando que tudo que ocorra ao nosso redor possa fluir com naturalidade, olhando tudo e todos como se fosse um espectador privilegiado e consciente que se entrega sem resistência aos ditames de Deus.

Então, tudo que antes parecia complicado torna-se simples e prático, aflorando no íntimo do ser a alegria de viver, a responsabilidade do dever cumprido, a esperança e a fé inabalável de que somos imortais, e devemos olhar sempre em direção ao futuro, todos os dias da nossa vida na Terra.

É imperioso manter a fé que se assemelha à lenha da fogueira, mantendo acesa a chama divina em nosso coração, lembrando-nos das palavras de Jesus aos discípulos: *Se tiverdes fé, podereis transportar montanhas*, numa síntese clara e objetiva que a fé é também uma catapulta que nos lança ao encontro da eternidade.

Outro detalhe importante para nosso crescimento espiritual é a paixão que devemos imprimir aos ideais que temos como meta. Há que nos apaixonarmos por aquilo que julgamos bom para nosso crescimento moral e intelectual; a ausência da paixão nos empreendimentos leva-nos à preguiça, à morosidade e, muitas vezes, ao desânimo. Grandes sábios, filósofos e artistas da Antiguidade foram, sem sombra de dúvida, apaixonados pelos seus ideais.

A busca de Deus, em todas as horas de nossa existência, constitui também reforço em nossa evolução e, nesse ponto, a oração será um estímulo eficaz no desenvolvimento espiritual.

As grandes transformações realizadas no nosso planeta foram possíveis, porque a oração sempre serviu de bússola a orientar os grandes pensadores da História Universal.

Necessário ainda um questionamento diário com a pergunta:

"Minhas ações estão auxiliando a minha transformação? Estarei realmente mudando? Qual a boa ação que realizei no dia de hoje?"

Todos nós desejamos efetivamente mudar; no entanto, realizar essas mudanças, principalmente as íntimas, não é tarefa fácil... Em geral, estamos satisfeitos conosco e reagimos a qualquer tipo de mudança que, em realidade, afeta nosso ego que se acomodou à mesmice do cotidiano.

Todo tipo de mudança torna-se saudável à medida que diversifica nossas experiências, aumentando a capacidade de trabalho, tornando a vida mais feliz daquele que se dispõe a esse desiderato.

Lute, trabalhe com fé, coragem e determinação pelas coisas que você vê, a fim de que, depois de muito, possa entesourar no fundo do seu coração aquilo que ainda não consegue ver, disse o Apóstolo Paulo em carta dirigida aos gentios. Alusão clara de que as coisas visíveis nos impressionam de imediato e que as espirituais necessitam de mais tempo para serem fixadas de forma definitiva em nossa consciência, dando-nos assim salvo-conduto para nossa entrada no *Reino de Deus*, que não se encontra aqui, ali ou alhures, mas dentro de nós próprios.

12

ABNEGAÇÃO

Uma das virtudes mais ambicionadas pelo homem e talvez a de mais difícil conquista é, sem dúvida, a abnegação. A abnegação pode ser considerada virtude de sublimação, por ser uma das mais difíceis de alcançar, e só chegam até ela aqueles que se devotam a determinadas causas em benefício do próximo, aceitando com sinceridade e renúncia a missão que abraçaram.

Isto porque a abnegação representa ao mesmo tempo não só uma ação-sacrifício como também renúncia, privação – logo, como o nome diz – negação de si mesmo.

A vinda do Cristo foi, certamente, um dos maiores atos de abnegação já observados por homens e mulheres; sua maior abnegação não foi a de perecer na cruz, mas sim a de despojar-se do seu manto eletromagnético de luz intensa a fim de vestir, temporariamente, os farrapos da matéria que nos revestem...

Jesus sabia das consequências da sua missão, como também ele tinha prévio conhecimento de que os espíritos em evolução no planeta Terra não estavam em condições de levar, a efeito, a tarefa de trazer para esse nosso orbe os conhecimentos do seu Evangelho.

Ao se tornar abnegado, o ser humano torna-se também voluntário ao autossacrifício, agindo sempre em benefício dos outros, com espírito de renúncia e devotamento, em detrimento de seus desejos e paixões, aceitando com humildade todas as vicissitudes que possam recair sobre eles.

Disse-nos Jesus: *Se alguém quiser vir após mim, que renuncie, tome sua cruz sobre os ombros e siga-me,* apontando a abnegação como sendo a adversária do egoísmo, abnegação esta que, certamente, nos impulsionará para a conquista de uma vida plena.

Atingimos a abnegação quando renunciamos ao orgulho mascarado de amor-próprio; renunciando à vaidade estampada no nosso semblante: ao narcisismo de considerarmo-nos melhores em tudo, desconhecendo que a simplicidade, a humildade e a fraternidade são pontos preponderantes para nossa elevação intelectual e moral.

Quando renunciamos à nossa personalidade forte, autoritária e, às vezes, egoística, adotando a abnegação em nossa conduta, não estamos negando as forças do nosso eu imperecível, e sim agindo inteligentemente a fim de purificar nosso espírito, esse viajor da eternidade.

Temos ainda que reconhecer que atingir a abnegação é um processo dificílimo, por vezes penoso, que exige muito de quem o abraça, necessitando sempre do concurso da prece, do silêncio e do recolhimento.

Durante a guerra civil em alguns países africanos, a televisão mostrou imagens silenciosas das irmãs de caridade que prestavam assistência nos campos de refugiados, carregando nos braços crianças esqueléticas, em fase terminal de desnutrição, por falta de alimentos desviados pelas autoridades para a frente de combate, para abastecer os soldados ou para venda no câmbio negro; e essas missionárias do bem, morrendo aos poucos junto aos pequeninos, vítimas de um processo terrível de egoísmo, amenizado pelo heroísmo e pela abnegação, são representantes do amor, da renúncia e do desprendimento, trabalhando anônima e graciosamente em respeito aos homens e a Deus.

A prática da abnegação, com o tempo, acaba com o predomínio da natureza material sobre a natureza espiritual, e o abnegado visualiza, diante de si, novos horizontes de vida plena, enchendo de alegria e felicidade o próprio coração.

A fraternidade pode ser considerada também um derivado da abnegação, funcionando como se fosse um bisturi cirúrgico, indispensável à catarse da alma imortal.

Analisando a narrativa bíblica que fala do encontro de Jesus com o moço rico, vemos que o jovem não estava preparado para um ato de abnegação e, por isso mesmo, não aceitou o convite do Cristo para segui-lo, tendo medo de renunciar aos bens transitórios que possuía, perdendo oportunidade ímpar de estar ao lado de nosso Modelo e Guia.

Sabedores de que não levamos nenhum bem conosco após o desencarne, mesmo assim nos equivocamos, apegados a tudo e a todos, criando algemas internas, difíceis de serem quebradas, retendo-nos, por tempo indeterminado, em zonas espirituais inferiores, comprometendo o nosso consciente e o supraconsciente em demorados estágios na retaguarda da vida, que só se ajustará depois de longo tempo em reencarnações repetidas, em mundos de expiações e provas.

13

CORAGEM E VIDA

O Apóstolo Paulo, em uma de suas assertivas dirigida aos gentios, afirma: *Ainda que o homem exterior se corrompa, o interior se renova sempre.*

O discípulo seguidor do Cristo quis dizer que não devemos dar importância exagerada às nossas experiências no campo da carne, principalmente quando elas não são coroadas de pleno êxito, porque a roupagem carnal é temporária, sujeita a desorganizações contínuas, inclusive a provocada pelo fenômeno que chamamos *morte*.

O que realmente deve merecer especial atenção de nossa parte é o espírito imortal, esse nômade do espaço que se serve do acervo de realizações hauridas no campo da carne, boas ou más, para estruturar a sua túnica eletromagnética que irá envolvê-lo quando conseguir alcançar as campinas siderais do infinito.

Não devemos também nos preocupar com a demora do tempo, porque ele estará sempre caminhando conosco, não exigindo nenhuma pressa, nenhuma correria, e sim paciência e persistência, seguindo o exemplo da própria natureza, que não dá saltos espetaculares, mas segue o ritmo de sequência e gradação, em obediência aos mínimos detalhes para o crescimento harmônico de todos os seres.

Os vegetais crescem milimetricamente. Os grandes rios são formados por pequenos filetes de água, que engrossando aos poucos formam córregos, depois riachos e, finalmente, os rios de grande porte que deságuam nos mares extensos.

Na construção de um grande edifício, a situação é idêntica. Primeiro o alicerce, o primeiro tijolo, peça por peça, até chegar ao final da obra totalmente acabada.

Os livros de maior vendagem e de grande expressão foram escritos letra por letra.

Uma grande floresta é formada através de pequeninas sementes, levadas, às vezes, pelo vento ou transportadas pelos pássaros que sobrevoam esses locais.

Decorre, então, que a natureza não concede privilégios a quem quer que seja, prevalecendo sempre a lei do maior esforço e do trabalho, como alavancas de impulso em todas as realizações programadas para o homem aqui no nosso orbe.

Todas as pessoas, sem exceção, já possuem dentro de si um ideal de conhecer e fazer, e este sonho não deve ser abandonado, mesmo porque faz parte da estrutura íntima da nossa inteligência e dos nossos sentimentos, mas é preciso não nos esquecermos das pequeninas missões que, se bem executadas, nos darão força e coragem moral para a realização dos grandes empreendimentos.

Sofremos desorganizações incessantes, sem, no entanto, deixar de crescer e evoluir para Deus, nunca retrocedendo, apesar dos reveses que, certamente, sofreremos ao longo da grande jornada.

A preservação da autoestima, do trabalho, do autodescobrimento e do autoaperfeiçoamento, adotando sempre postura de vigilância rígida sobre nós mesmos, nos ajudará na meta de enobrecimento a alcançar.

Dificuldades, dores, decepções estarão sempre conosco, testando-nos a capacidade de prosseguir, de caminhar com equilíbrio, boa vontade e alegria. Agindo sempre com equilíbrio alcançaremos a meta desejada.

O tempo será nosso aliado nessa jornada milenar na direção das estrelas em que o vencedor não é o que se apressa atropelando os outros, mas sim aquele que trabalha pacientemente, perseverando no bem, e aguarda com tranquilidade, modificando-se homeopática e paulatinamente, de forma que nem nos apercebamos.

14

SOFRIMENTO

Os sofrimentos, as dores, as decepções e as desilusões talvez sejam o maior desafio do ser humano, principalmente por não ostentar ainda um preparo íntimo adequado para suportar os mais simples e pequenos reveses que nos chegam de forma branda, quanto mais fortes os abalos provocados por acidentes de todos os tipos: pela prova da pobreza, pelo susto do desemprego, pelas garras da violência de todos os matizes e, certamente, pelo fenômeno devastador do desencarne.

Bem como as doenças de difícil diagnóstico e cura, as deficiências físicas e mentais, o câncer, a hanseníase, a paraplegia e a tetraplegia, a cegueira, a surdez, a AIDS e as distonias mentais rotuladas por diversas denominações deixam marcas indeléveis de tristeza, desânimo e desequilíbrio, bem como, em muitos casos, de revolta por ter que lidar com pessoas e familiares problemáticos no campo físico e mental.

Quando nos ajustamos às Leis Divinas que regem a vida cósmica, esses problemas diminuem de intensidade, dando-nos a oportunidade de servir, de amparar e minimizar os efeitos das causas do passado que, certamente, ajudamos a construir e que voltam até nós de forma sutil, preparada e programada pela nossa consciência imortal.

É importante ressaltar que ninguém sofre sem motivo, pelo simples desejo de Deus nos punir, mesmo porque a Divindade não dá prêmios como também não nos outorga castigos.

Assim, tudo que nos ocorre, para o bem ou para o mal, foi plasmado por nós mesmos, através dos nossos erros ou acertos que ficam gravados em nosso consciente, aflorando no momento exato em que temos condições de resgatar os débitos contraídos com nossos irmãos de luta.

Outro detalhe importante é que a Inteligência Suprema que é Deus só cobra dívidas de quem pode pagar, aguardando pacientemente que seus filhos atinjam patamar intelectual e moral, rico de aquisições terrenas, para só então iniciar o resgate das dívidas da retaguarda.

Isso nos leva a assegurar, com absoluta certeza, que todas as pessoas que passam por situações difíceis já possuem no íntimo os recursos necessários à compreensão dos problemas que estão enfrentando, assim como os meios de superá-los. Se, às vezes, se revoltam, é porque nelas ainda predominam o orgulho, o egoísmo, monstros terríveis que impedem o reajuste com a própria consciência.

Se procedessem sem revolta, doenças que se instalam num relance, devido a essa insensatez, seriam evitadas. A falta de religiosidade, a preguiça mental, o pessimismo, a intolerância, a falta de fé no futuro são agravantes de qualquer quadro clínico, por mais simples que ele seja, dando às bactérias, aos vírus e outros microrganismos a força de que necessitam para agravar o estado de saúde física e mental dos desavisados.

Não se esqueça, você é seu próprio remédio!

15

PRECE

A utilização da prece pelo homem, principalmente nos momentos difíceis da vida, é tão antiga quanto a sua permanência na Terra. A prece realmente constitui um antídoto infalível, um remédio salutar para todos os males, principalmente os de cunho espiritual, mas, decorridos mais de dois mil anos da presença do Cristo entre nós, ainda não sabemos dimensionar o valor real desse benefício divino que, na realidade, emana de Deus, o Criador de toda a eternidade.

A prece quando proferida com sinceridade, humildade e fé transforma-se em ondas eletromagnéticas idênticas às ondas de rádio e televisão, percorrendo o espaço infinito na busca de sintonia. Diferindo, no entanto, das ondas comuns do sistema de telecomunicações no que diz respeito aos limites de alcance. As ondas da prece têm poder de superar todas as distâncias, todas as alturas e profundidades, chegando finalmente ao destino e, depois de se afinarem fluidicamente com o Criador, retornam trazendo até o centro emissor o benefício solicitado.

Às vezes, o retorno de uma prece não é imediato, porque Deus espera que tenhamos condições de assimilar as lições que, muitas vezes, estão embutidas nas dores ou sofrimentos que chegam até nós, mas, mesmo não provocando uma solução imediata, a prece balsamiza, acalma e nos torna dóceis diante das dificuldades.

As preces longas e eivas de adjetivos floridos não dão ao ato nenhuma segurança em relação ao que desejamos, porque o que influi na realidade é o sentimento profundo que parte do coração proveniente de humildade, diante de Deus e dos homens.

A prece genuína e vitoriosa é aquela que não exige nenhum esforço físico ou espiritual, nem perturbação de espécie alguma, porque se realiza na mais profunda quietude da alma e deve constituir uma alegria, um gozo para quem ora.

As dificuldades e os entraves constituem fatos normais na vida de todos, e o que realmente funciona, nos casos muitas vezes de difícil solução, é a persistência no ato de orar. A solução rápida para assuntos intrincados, cuja origem desconhecemos, não deve ser exigida, porém acreditar que todo mal é passageiro e que ninguém se encontra desamparado por Deus e pelos benfeitores espirituais, seus prepostos, já que, segundo as palavras do Cristo, *suprirá todas as nossas necessidades, em riqueza e glória.*

A prece banhada pelas lágrimas sinceras de quem as profere tem o peso específico de um suspiro, de um rápido erguer de olhos, da solidão do deserto, quando ninguém está por perto a não ser Deus...

Precisamos entender também que Deus sempre atende às nossas preces, principalmente se nos ajustarmos às suas Leis, mas nem sempre nos oferta o que desejamos e sim o de que necessitamos para nosso soerguimento espiritual.

Disse-o muito bem Paulo de Tarso: *Em tudo dai graças a Deus*, deixando-nos nitidamente a lição de que Deus sabe o que é melhor para nós. Quando, alegremente, assim procedemos, estamos orando de outra forma, de uma forma diferente, mas de grande eficácia, porque a alegria é também um estado de prece.

Nosso silêncio, em determinadas ocasiões, tem também o valor de uma prece quando nos aquietamos intimamente, fugindo do alvoroço das multidões, da vida agitada das grandes cidades ou de conversação infrutífera.

A melhor prece será creditada a quem mais ama.

O amor aliado à prece adquire força gigantesca, atraindo espíritos superiores que intercedem em nosso benefício, instruindo-nos para o bem, para o lavor e para a felicidade.

Jesus condiciona a força da prece ao perdão incondicional aos nossos irmãos de luta, retirando deles a responsabilidade de nos haver magoado, pois se tiverem que ser punidos que o sejam por suas próprias consciências e jamais por nós...

Jesus adverte que a prece só terá seu devido valor se, quando estivermos orando, nos desvincularmos do ódio, do rancor e do ressentimento asselvajados, pois as emanações da prece, antes de se projetarem para seu objetivo, percorrem o corpo físico e o perispírito de quem está orando. E só se lança para fora de nós quando não encontra resistência no campo íntimo, que pode estar afetado pela maldade, pelo egoísmo, pela vaidade, pela mentira e pela falta de solidariedade.

Quem ora com frequência está em permanente contato com a mente divina.

16

MEDIUNIDADE

Um dos pontos de maior atração da Doutrina Espírita é, sem dúvida, a mediunidade, ou seja, a possibilidade real de manter comunicação com o mundo espiritual, estabelecendo conversação com as pessoas que desencarnaram através do fenômeno chamado *morte*.

A mediunidade é única e corresponde a um todo, apesar de apresentar variadas modalidades, prevalecendo, no entanto, duas vertentes principais: a estática e a dinâmica.

A mediunidade é uma faculdade inerente ao homem que permite a ele a percepção, em um grau qualquer, da influência dos espíritos. Por não ser um privilégio exclusivo de uma ou outra pessoa, pois é uma possibilidade orgânica, assim hereditária, depende somente de um organismo mais ou menos sensitivo para não se tomar estática. A mediunidade dinâmica é vivenciada na prática pelos médiuns, transformando-se com o tempo em mediunidade de serviço.

A palavra médium quer dizer intermediário, pois mediunidade é a característica natural e humana de estabelecer a relação entre encarnados e desencarnados. Nada tem de oculto e não prescinde de rituais e de práticas externas de adoração, ocorrendo com maior rapidez nos médiuns que apresentam maior sensibilidade de captação mental. A administração, correta ou incorreta, que esse intermediário usar é que vai determinar os efeitos dessa faculdade natural da alma imperecível.

A evolução das faculdades mediúnicas depende do controle que o médium impõe à sua liberdade de pensar e agir, assim como ele seleciona e mantém suas relações em sociedade. O bom médium é aquele que consegue manter o equilíbrio psicofísico, criando ao seu redor um ambiente de moralidade, amor e respeito aos semelhantes e a si próprio. Angariando, assim, a confiança dos espíritos benfeitores e afastando-se, cada vez mais lentamente, dos desencarnados equivocados, numa homeopática e verdadeira reforma íntima que exige paciência, abnegação e muita renúncia em relevantes e constantes serviços a bem dos semelhantes. O grau de moralidade do médium vai regular suas relações com o invisível, atraindo boas ou más companhias, isto porque a mediunidade é neutra, obedecendo sempre aos anseios do coração. O médium não é um santo, mas a prática exercida com responsabilidade por ele santifica a mediunidade.

Assim, a mediunidade de serviço, numa decorrência natural, ampara sempre e é destinada ao auxílio e socorro das pessoas portadoras de males físicos e espirituais, sem, no entanto, competir com a Medicina tradicional, mas proporcionando alternativas aos sofredores, já que as bases do Espiritismo codificado por Allan Kardec preconizam o respeito à vida e o consolo às dores do homem, quer sejam físicas, quer sejam morais.

A utilização da mediunidade como instrumento de cura é uma realidade incontestável, e podemos citar como exemplo o médium brasileiro Arigó, nascido em Minas Gerais, que foi pesquisado por cientistas e médicos de vários países quando ainda encarnado. Arigó teve, comprovada por pesquisadores, a eficácia dos métodos curativos por ele empregados, tais como intervenções cirúrgicas e curas de doenças tidas como irreversíveis, diagnosticadas por especialistas na área. Isso consagrou o médium mineiro, uma pessoa simples e com o coração voltado para o amor.

A mediunidade de cura é, sem dúvida, bastante perigosa, porque expõe o médium à fascinação e a vantagens pessoais e materiais, atraindo o assédio de pessoas inescrupulosas ou até mesmo confrades que o agradam e cobrem de presentes, aguçando seu ego, fazendo com que fracasse, pouco a pouco, no seu mister. Caso ele se deixe envolver pelos aduladores, tornando-se vaidoso, desligando-se dos verdadeiros amigos, cairá nas malhas dos obsessores e interesses de todos os matizes que, na verdade, têm o intuito de desacreditar a Doutrina Espírita.

Há uma certa variedade no campo da mediunidade de cura. Vemos médiuns receitistas, médiuns passistas ou fluidoterapeutas; alguns médiuns de cura se preocupam com métodos, esses ou aqueles, que seriam mais eficientes que outros. Porém, na terapia do passe impõem-se as mãos sobre o enfermo e deseja-se, ardentemente, sua cura.

17

PALAVRA E EXEMPLO

Estudando o comportamento humano, sabe-se hoje, com absoluta certeza, que a distância que separa a palavra do exemplo é enorme. O homem moderno, apesar dos conhecimentos que adquiriu, ainda é muito apressado em falar e dificilmente gosta de ouvir, o que dificulta muito o aprendizado do exemplo que é, na realidade, a prática daquilo que falamos.

Reconhecendo, gradativamente a ficção ilusória do mundo em que vivemos, vamos aprendendo aos poucos que somos viajores da eternidade e que tudo o que vemos e até o que não vemos com os olhos materiais pode ser transformado pelo nosso pensamento, que, em síntese, é o instrumento de força que provoca as desorganizações do mundo físico e espiritual.

Como testemunhas oculares dessas transformações nos dois mundos sentimo-nos plenos de alegria e felicidade e só nos tornamos infelizes quando nossa participação é negativa, concorrendo com palavras, atos e exemplos que estimulam a violência, o egoísmo, a mentira e a falsidade.

A nossa palavra e também o nosso exemplo são atitudes ligadas a Deus e aos homens, mantendo a compreensão de que o que temos vem de fonte mantenedora, vem de Deus, nosso Criador, que nos envolve de luz e de conhecimento. Compartilhemos esse acervo com os mais necessitados que aguardam o nosso concurso para um despertar glorioso em suas vivências.

Outro detalhe importante a respeito da palavra e do exemplo é que o mundo onde vivemos estará sempre de acordo com nossas ações, primeiro individual e coletivamente, num processo gradativo e homeopático que vai do simples ao mais complexo, renovando constantemente tendências e pendores, ajustando-se às Leis Divinas que regem a vida cósmica.

É necessário muito esforço e trabalho para que possamos encontrar aquilo que procuramos e, em caso de possível derrota, não desanimemos, pensemos apenas que deveremos nos esforçar um pouco mais, com mais denodo, mais dedicação e maior persistência para alcançarmos a meta, o objetivo final.

Às vezes nos perguntamos por que falamos tanto se não somos capazes de fazer o que dizemos; isso é até certo ponto normal, porque através da palavra procuramos entender o que se passa ao nosso redor e o porquê dessa luta interior que parece não ter fim.

Nesse processo de experiências para o alcance da meta desejada tenhamos alegria, jovialidade, como antídotos, controlando nosso envelhecimento precoce provocado pela lamúria, pela queixa, pelo desespero, pelo pessimismo, pela preguiça, pelo remorso e pelo arrependimento.

O importante é que não saiam de nossa boca palavras com conotações negativas, porque elas são levadas pelo ar e encontram vibrações idênticas que retomam ao centro de origem com força triplicada, tal qual a força de um furacão implodindo a sede transmissora.

Toda vez que dirigimos nossa palavra às plantas, aos animais, à natureza, aos que nos rodeiam, enfim, estaremos em realidade conversando com Deus, que está em tudo, que envolve tudo com Luz Divina num processo simbiótico de nascimento e morte.

18

OBSERVAÇÃO E PERSISTÊNCIA

O homem atual é ainda um péssimo observador de si mesmo e da natureza que o envolve e que o mantém.

No entanto, a observação das pequenas coisas às quais, normalmente, não damos a menor importância constitui na realidade um dos mais poderosos exercícios de crescimento espiritual. Muitos desses movimentos são quase que automáticos, como respirar, piscar os olhos, passar a mão pelo cabelo ou pela testa ou até mesmo reparar o que ocorre à nossa volta.

Milhares de pessoas vivem aqui no planeta sem dar importância à presença do Sol, esse astro-rei que ilumina e aquece nossas vidas com seus raios luminosos, nascendo e se pondo todos os dias diante de nós. Estamos tão envolvidos com os problemas do nosso cotidiano que não temos tempo para utilizar com equilíbrio e alegria a maior fonte de energia concedida por Deus à humanidade terrestre.

Em relação à Lua, o fenômeno é o mesmo, e quase ninguém se entusiasma com o magnetismo maravilhoso que o nosso satélite apresenta; juntando-se ao silêncio da noite, entorpece os nossos sentidos físicos, deixando o corpo carnal em situação letárgica, em condições de descanso e de sono.

De modo geral, a noite é utilizada pelo homem para o divertimento em bares, discotecas e festas que varam a madrugada, e muitos ainda aproveitam a calada da noite para assaltar, roubar ou matar os seus irmãos de luta, num contraste terrível com a missão da Lua e da noite, que é a de envolver a humanidade num clima de paz e de silêncio, de ternura e amor.

Os pássaros também são pouco observados pelo homem, e um grande número de pessoas os mantém presos em pequenas gaiolas, entristecendo a vida desses animaizinhos, que aqui foram colocados por Deus para servir de estímulo às nossas vidas, cantando e voando livremente no espaço.

As plantas também deveriam receber de nossa parte maior atenção, pois representam o pulmão natural do nosso planeta, fornecendo-nos o oxigênio que respiramos, e ele é sempre mais puro nos locais em que a natureza se mostra pujante, imaculada, com a vegetação preservada dos predadores que, em síntese, são o próprio homem, que procurando a ganância do lucro destrói o meio ambiente, comprometendo a sua própria existência.

Sempre que observamos com carinho os minerais, vegetais, animais e homens, o nosso cérebro passa a trabalhar com mais liberdade, sem a interferência dos nossos desejos mais exacerbados, e certos problemas que nos incomodavam acabam sendo resolvidos de maneira simples sem a necessidade de esforços fenomenais.

Todas as vezes que você tiver que enfrentar problemas difíceis, use a técnica da observação, praticando a disciplina interna, e verá que os resultados vão se mostrar surpreendentes.

Outra técnica excelente também para afastar obstáculos é a persistência, que consiste em dar continuidade aos projetos que nos interessam e que, às vezes, não podem ser resolvidos de imediato, exigindo um esforço maior no campo da observação, da paciência e da persistência.

Todos os vultos da nossa história universal conseguiram vencer os obstáculos em oposição aos seus ideais, porque foram pacientes e persistentes, despontando, entre eles, Ghandi, o líder incontestável da Índia, que conseguiu libertar seu povo do jugo inglês sem disparar um único tiro, usando apenas o silêncio, a meditação, a prece, o jejum, a paciência e a persistência.

Allan Kardec também utilizou a paciência e a persistência para codificar a Doutrina Espírita, observando com cuidado e carinho os fenômenos de Hydesville, questionando demoradamente tudo o que viu e sentiu, para só então, depois de convencido, escrever a doutrina do Consolador.

Jesus nunca agia de imediato. No episódio da mulher adúltera, ele observa aquela mulher banhada em lágrimas aos seus pés. Olha com piedade para os seus algozes bravios, coléricos e irritadiços e espera pacientemente, brincando de escrever na areia, que todos falem, para que só então, depois de algum tempo, dar a sua opinião, que na realidade foi neutra. Jesus apenas questionou as autoridades dos algozes com a seguinte frase: *Atire a primeira pedra aquele que estiver sem pecado.* Envergonhados, saíram um a um, deixando Jesus e a mulher adúltera sozinhos, fugindo não do Mestre, mas deles mesmos.

Dirigindo-se à prostituta, ainda prostrada a seus pés, foi mais simples ainda:

Ninguém te condenou? Eu também não te condenarei, vai, e no futuro não peques mais.

19

ALEGRIA E MERECIMENTO

O princípio vital que anima o nosso corpo somático depende de muitos fatores para que possa manter viva a chama da vida e, nesse particular em especial, a alegria de viver não é apenas um aspecto secundário, e sim de importância crucial. Um sorriso nos lábios, mesmo em situações em que a tristeza e a melancolia queiram se apossar do nosso campo íntimo, lutando para manter o equilíbrio, pois estamos aqui para trabalhar em prol da nossa transformação intelectual e moral.

Na maioria das pessoas, o desejo maior ainda é receber somente para si, sem doar nada aos outros, mas isso cria dentro de nós uma visão egoística, difícil de ser superada, ao contrário do compartilhamento, que é um remédio salutar para corrigir os nossos anseios exclusivistas, provocando uma correção íntima nos nossos pensamentos.

A nossa ansiedade provoca uma verdadeira guerra interna que requer uma ação sincera e duradoura a fim de ajustarmos os nossos interesses com os interesses dos outros. A alegria, então, passa a funcionar como uma arma vital, desarmando os desconfiados e exaltados que chegam de todos os lados, ficando também claro que a verdadeira alegria é a interna, sendo mesmo um estado pleno da alma que se extasia quando consegue cumprir as leis de Deus e dos homens.

Convém ainda ressaltar que a escolha para vir aqui foi nossa, a fim de conquistarmos a plenitude de vida, que só será coroada de êxito se nos propusermos a compartilhar os riscos da luta, das dificuldades e das alegrias da vida, surgindo então o merecimento, que é, em última análise, o prêmio pelo nosso esforço e determinação em permanecer no bem.

A Terra, onde vivemos, é o cadinho de nossa depuração, e todas as vezes que recebemos alguma coisa sem merecimento é como se estivéssemos burlando as leis de Deus, surgindo então um desconforto que só desaparece quando partimos para a correção daquilo que não se completou, mas que serviu como lição para novas experiências proveitosas no campo da carne e do espírito.

Compartilhar significa viver em sociedade, manter unidos os elos que nos prendem uns aos outros, sem discriminação, sem exigências e sem imposições que possam ferir o livre-arbítrio dos outros, mas com renúncia, carinho e, principalmente, com amor.

As pessoas alegres passam para as outras uma energia leve, radiante, sonora, cheia de entusiasmo e doçura que balsamiza, cicatriza, estimula e acalenta, deixando atrás de si um rastro de felicidade de ação duradoura.

Devemos mostrar alegria até no momento da morte, apresentando um semblante sereno, calmo e confiante, contagiando as pessoas que comparecem aos velórios, numa demonstração real de que a morte é apenas um "sono que se completa".

Quem vive alegre, vive muito mais e nem mesmo percebe a passagem do tempo, ao contrário dos mal-humorados e carrancudos, que consultam, incessantemente, o calendário e o relógio do próprio pulso.

Quem realmente deseja encontrar a felicidade, precisa primeiro buscar o hábito do bom humor, mantendo sempre um sorriso aberto, cheio de paz e tranquilidade.

O Apóstolo Paulo afirma em uma de suas cartas que consta do Evangelho do Cristo: *Pois se tiverdes o que comer e vestir estejam sempre alegres e contentes*, numa alusão incontestável que não devemos nos preocupar com o dia de amanhã, nem com a modernidade de hoje, e sim reconhecer que Deus suprirá todas as nossas necessidades, principalmente a do pão e a do vestuário, e o resto certamente virá por acréscimo, mas não deve ser motivo de preocupação ou lamúria, pois não só de pão vive o homem, e sim de toda a palavra que vem de Deus.

Devemos, ainda, buscar nas coisas simples da natureza motivos de alegria para continuar a nossa jornada, na afeição de um animal, no carinho de uma criança, na sensibilidade de uma planta, no brilho do Sol, todos os dias, no magnetismo da Lua, sempre nos oferecendo excelentes oportunidades de compreender a magnitude de Deus.

20

SOLIDÃO E AÇÃO

Dos muitos males que afligem o ser humano, a solidão é, sem dúvida, uma das piores frustrações que podem se abater sobre o homem. Ao contrário da fome e da sede que, quando nos atingem, nos forçam a combatê-las, a solidão no mais das vezes se mascara com uma aura de virtude e até de renúncia.

Muitas vezes não representa absolutamente nada, pois mesmo que reconheçamos que temos a necessidade de ficar a sós, em certas horas, a vida aqui no planeta precisa ser solidária, porque estamos ligados uns aos outros, magneticamente, através de pensamentos e atos. Precisamos, então, nos despir de todos os nossos bloqueios e sair na busca de afeição e carinho, amizade e companhia, sem nos envergonharmos dessa procura, mas nos entregando à luta diária para aumentar os laços fraternos e de amizade, abandonando os preconceitos e tabus que diminuem a eficácia no combate que existe dentro de nós.

Por isso, é quase impossível fugir de nós mesmos, das responsabilidades e do roteiro de experiências para nossa evolução, e quem não se amolda aos princípios da solidariedade torna-se prisioneiro de si mesmo, permanecendo estagnado na retaguarda da vida, onde, certamente, haverá dores e ranger de dentes.

O homem é um ser social e também um doador, por excelência, de tudo o que possui, sendo ao mesmo tempo um receptador dos dons dos outros. E se não proceder assim se comportará como uma "figueira estéril", que não dá frutos e necessita ser podada, como diz o Cristo em seu Evangelho de amor. Deus é o criador de tudo o que existe, secundado pelo homem, que só consegue receber quando se dispõe a doar.

A ação solidária de ajudar os semelhantes cria um clima de simpatia, uma espécie de atmosfera psíquica favorável aos nossos empreendimentos, facilitando tudo à nossa volta, principalmente no círculo das nossas amizades.

A solidão provocada pelo afastamento de tudo e de todos é egoística e não leva a nada, gerando nostalgia e tristeza, que podem até levar ao suicídio, além de bloquear os canais de informação que certamente viriam até nós, através dos contatos normais com outras pessoas que enriqueceriam nossos conhecimentos pelo sistema de trocas de informações colhidas nas diversas regiões da Terra.

A atividade-fim do homem na Terra é a evolução, e todos os outros objetivos a serem alcançados constituem as atividades-meio, que servem como suporte para vencermos essa luta milenar na busca da felicidade.

Durante a nossa caminhada, o importante é o cuidado especial em não magoar ninguém, pois os atos contrários e negativos que arremessamos contra os outros geram aversões que certamente exigirão reparos, além de provocar "implosões psíquicas" no campo espiritual, porque ninguém lesa o próximo sem lesar antes a si mesmo. A convivência pacífica com os irmãos de luta é um passo importantíssimo para a nossa libertação moral, que só será concretizada no momento exato em que possamos compreender que ninguém vive exclusivamente para si, e sim para os outros.

21

CONSELHOS

O homem é uma entidade de interação energética universal programada para evoluir, incessantemente, para além das dimensões humanas, e, nessa caminhada milenar na procura do seu destino maior, ele observa consciente ou inconscientemente o que se passa ao seu redor, em especial as desorganizações que ocorrem junto à natureza e nos seres que habitam o nosso planeta.

Justamente por isso, o homem se torna um crítico contumaz de tudo, analisando apressadamente tudo o que vê e até mesmo o que não vê, passando então a julgar os outros, a dar conselhos, emitir opiniões e o pior, o mais das vezes, procura imprimir o seu estilo de vida, de experiência aos outros, ferindo os direitos alheios.

Esse desejo irresistível de julgar, de opinar, de aconselhar baseado quase sempre nas primeiras impressões, necessita passar por um crivo de resistência íntima, a fim de que o assunto em pauta possa ser mais bem analisado, sem precipitações, porque, às vezes, os nossos conselhos, avisos ou críticas não passam de uma intervenção egoística motivada por interesses próprios, sem nenhuma conotação altruística.

Quando os nossos conselhos são alicerçados numa ação construtiva visando ao interesse do outro, com a preocupação genuína de assistir e ajudar os nossos semelhantes, devemos, sim, aconselhar, porque nesse caso existe a vontade sincera de compartilhar com os outros os problemas comuns a todos.

Diz o velho ditado: "Quem pede conselho, não o quer, mas sim confirmação para o que já resolveu fazer". Essa, infelizmente, é uma grande realidade em nossas vidas. Daí a precaução que devemos ter quando aceitamos o pedido de aconselhamento, porque, muitas vezes, entramos em choque com as posições já determinadas pelas próprias pessoas que solicitam o conselho, o que nos leva a crer que o ideal é manter uma posição neutra a respeito de qualquer assunto, evitando sempre a radicalização que certamente será ruinosa para os outros e, principalmente, para nós.

Os conselhos devem ser emitidos através de um tom suave de voz, sem arrogância, sem a intenção de humilhar as pessoas, mas procurando dentro das qualidades que todas as pessoas possuem o meio mais fácil de estimulá-las para o bem, ressaltando sempre a necessidade do trabalho como remédio eficaz contra qualquer tipo de dificuldade. Acrescentando, ainda, que é necessário ter paciência, persistência e fé, pois muitos dos nossos problemas não podem ser resolvidos de uma hora para outra, necessitando da ajuda do tempo a fim de ficar em nós uma estrutura forte de luta, de determinação e de coragem.

Disse Jesus: *Vós sois o sal da terra. Ora, se o sal se tornar insosso, com que o salgaremos?* Deixando claro que a nossa palavra tem vida, tem força e magnetismo, que certamente irá acrescentar aos outros o que temos de melhor, enriquecendo as mentes embrionárias que jornadeiam conosco aqui no planeta de provas e expiações.

22

ALEGRIA DO SER

As motivações para que as criaturas sejam felizes estão nelas mesmas, e a ânsia de todos pela riqueza, pela saúde, pelo poder, pela beleza, enfim pela felicidade, é comum a todos os seres humanos.

Ocorre, porém, que são praticamente poucos os que realmente sabem conquistar esse objetivo maior, que chamamos de felicidade, porque, no mais das vezes, procuramos esse estado de êxtase da alma na futilidade, na luxúria, nas extravagâncias da vida ou na força material do poder temporário.

É importante ressaltar que a felicidade real não se encontra nas conquistas aleatórias, e sim vinculada, primordialmente, na alta compreensão de almas que anseiam uma vivência em conjunto, acatando uma responsabilidade social efetiva em que prevalece o bem de todos, tratando-se de seres opostos ou não.

A busca do entendimento, o aconchego de uns aos outros, a distribuição do afeto e da solidariedade, o desprendimento e a renúncia, o trabalho e a fraternidade são virtudes que precisam ser empregadas na vida social, tentando de todas as formas fazer a felicidade dos outros para que depois de muito tempo, persistindo no bem, a felicidade dos outros possa nos alcançar.

Se observarmos a vida com mais atenção, vamos descobrir que ela é cheia de encantos, apresentando mil motivos que envolvem nossa existência de muitas venturas, mas que infelizmente não percebemos, porque estamos sempre preocupados com o dia de amanhã, quando na realidade o certo seria viver o dia de hoje como se fosse o último, sem as preocupações desnecessárias do futuro.

Um ponto básico a ser observado para a alegria do ser é saber contornar as situações, principalmente as de difícil solução, ou seja, quando a desilusão, a tristeza ou a revolta baterem à nossa porta, precisamos reunir forças para procurar dentro das experiências difíceis motivação para prosseguir na nossa jornada, optando sempre pela paz e pela tranquilidade do próprio lar, que deve estar sempre em primeiro lugar.

Exercer sempre no ambiente de serviço a camaradagem, nunca impondo nada, porque o autoritarismo destrói qualquer possibilidade de entendimento, além de provocar aversões gratuitas que são frutos negativos da nossa intransigência mental, que certamente levam os companheiros de trabalho a exigir de nós muito mais do que podemos dar.

É muito comum nos lares, nas escolas, no ambiente de trabalho e até em instituições religiosas discussões estéreis abordando banalidades que só servem para acirrar ânimos, criando situações difíceis que demoram longo tempo para a sua superação.

A contemporização é um excelente remédio para que a harmonia seja estabelecida, dando ao grupo as condições necessárias à reeducação dos membros da sociedade que se mostram renitentes, coléricos e bravios, que se sentem envergonhados diante do exemplo de calma, paciência e tolerância dos mais evoluídos.

Sabemos também que existe um limite para a tolerância, mas quem reclama de tudo e de todos cria, sem dúvida, um clima de aborrecimento sem limites, afastando-se temporariamente do círculo daqueles que desfrutam a alegria de ser feliz.

Toda cautela deve ser pouca a fim de evitar que possamos chegar à impertinência, sinônimo de invigilância, abrindo as portas para a obsessão, imposição terrível de uma mente sobre a outra, numa associação simbiótica de desejos, vícios e paixões.

Quem realmente deseja ser feliz não deve viver angustiado, triste, desanimado, entregue à preguiça física e mental, mas trabalhar, constantemente, com vontade de vencer, empregando parte do seu tempo em trabalhos de beneficência, recorrer à prece e à boa leitura, e, sempre que possível, fazer uma viagem astral para dentro de si mesmo, através do silêncio e do recolhimento.

A nossa felicidade encontra também um grande obstáculo, a depressão, que leva um contingente enorme aos consultórios de psiquiatras, analistas e psicólogos, que realizam apenas um trabalho superficial, mesmo porque, com raras exceções, não possuem um conhecimento real do verdadeiro paciente, que é espírito imortal.

Face ao exposto, podemos concluir, com absoluta certeza, que a alegria do ser pode ser encontrada dentro de um ambiente familiar feliz através de um sorriso otimista e descontraído, de bom humor constante, enfim, vivenciando o Evangelho do Cristo e obedecendo às Leis Divinas e dos homens.

23

PENA DE MORTE

Diversos países do nosso planeta adotam como sentença máxima, para conter o ímpeto dos criminosos cruéis, a pena de morte, tornando legal o assassinato, nivelando-se aos condenados amparados pelos braços da lei dos homens, que autoriza o extermínio daqueles que são considerados indesejáveis pela sociedade.

Antes de qualquer análise a respeito da pena de morte, cabe-nos comentar um ponto importante na área jurídica e social. Praticamente, quase todas as Constituições de todos os países do mundo têm um ponto em comum nos seus artigos de disciplina que regem a vida social das nações que é o seguinte:

"É dever do Estado, através do organismo de prevenção e segurança, ressocializar os cidadãos que infringem as leis sociais." O termo ressocializar quer dizer reeducar, colocar no bom caminho, retirar da sociedade por tempo necessário, todos aqueles que se tornam prejudiciais à vida das pessoas, mesmo que a reclusão do condenado dure a vida inteira, dando-lhe a oportunidade de recuperação perante aqueles que lesou, e nunca o extermínio através da morte legalizada, que, em síntese, é tão imoral quanto qualquer tipo de assassinato, além de nivelar por baixo o criminoso e o Estado, o qual tem o dever de preservar sua vida, e, no entanto, arvora-se em um direito que é reconhecidamente de Deus.

Analisada pelo lado espiritual, é ainda mais grave, porque, quando retiramos alguém da sociedade através da pena de morte, na realidade não nos livramos do faltoso, e sim o trazemos para mais perto de nós, porque o ódio, o rancor e o ressentimento por ter sido exterminado farão com que ele permaneça na atmosfera da Terra por muito tempo, aumentando o contingente de malfeitores do espaço que, certamente, se transformarão em terríveis obsessores empunhando uma arma terrível fornecida pelo Estado, a invisibilidade.

Nenhum tipo de lei pode moralizar o crime de extermínio, e é a nossa falência moral que nos induz a matar quando o certo seria impor aos condenados, pela lei dos homens, um regime duro de trabalho a fim de reeducá-los e devolvê-los a suas famílias e à sociedade, sem nunca assumir a posição de juízes, às vezes, mais cruéis que os próprios criminosos, demonstrando sob a máscara da lei e da ordem o nosso ódio e, pior, o nosso fracasso moral.

O ideal para qualquer tipo de sociedade é dignificar a vida e a criatura, utilizando o recurso do afastamento do faltoso da sociedade em que vive, impondo-lhe esforços obrigatórios no campo do trabalho, da religiosidade e da vida em coletividade.

Nenhum condenado, por mais brando que seja, conseguirá se reerguer para novas experiências, se não for colocado para exercer atividades úteis que possam mantê-lo ocupado e de preferência cansado, exsudando, junto com o suor e as lágrimas, as energias negativas que o levaram ao crime.

As chamadas prisões de segurança máxima, quando não apresentam oficinas de trabalho, a fim de que os prisioneiros passem o dia em atividades de serviço, não apresentam nenhuma eficácia na recuperação dos detentos; ao contrário, transformam-se em "bolsões" de revoltas e rebeliões, colocando em risco vidas preciosas dos condenados e dos funcionários da administração penal, e é exatamente o que está ocorrendo nos dias de hoje, penitenciárias e presídios inchados pelo número excessivo de condenados, culminando com as rebeliões constantes nesses locais de reclusão.

A Doutrina Espírita é, peremptoriamente, contra a pena de morte. Tratando do assunto nas questões 760 a 765 de O *Livro dos Espíritos*, os irmãos espirituais dizem a Allan Kardec que, quando os homens estiverem mais esclarecidos, a pena de morte será totalmente abolida da face da Terra, representando um verdadeiro progresso para a humanidade terrestre.

Especula-se que Jesus teria dado o aval para a pena de morte, quando afirmou a um de seus discípulos que desembainhara a espada para protegê-lo: *Todos os que pegam a espada pela espada perecerão.* Na realidade, Jesus se referiu exclusivamente à individualidade de cada um no tocante à lei de ação e reação, não autorizando ninguém a matar o seu semelhante, porque certamente teremos os escândalos, e ai daqueles que provocam os escândalos.

Finalizando, podemos concluir que, diante desse ato imoral de autoritarismo que é a pena de morte, os espíritas devem se posicionar da seguinte forma:

"Sou contra; matar, nunca."

24

EUTANÁSIA

No século XIX, quando Allan Kardec codificou a Doutrina Espírita, muitos assuntos que hoje ganham as primeiras páginas dos principais jornais do mundo não apresentavam, naquela época, a importância que exercem nos dias de hoje em nossas vidas, apesar de existirem, porque o nosso conhecimento em relação à vida e aos direitos humanos ainda não tinha atingido o grau necessário à compreensão desses problemas.

A eutanásia permaneceu por muito tempo escondida ou mascarada, apesar de ter sido sempre aplicada com regularidade em todos os tempos, mas só nos dias de hoje o homem consegue despertar para a análise desse crime hediondo, que pode ser chamado de "assassinato piedoso", em que uma ou mais pessoas bem-intencionadas, a pretexto de acabar com o sofrimento de uma pessoa portadora de enfermidade terminal, desligam os aparelhos que sustentam a vida ou deixam de aplicar uma medicação que seria vital para o enfermo, num suposto gesto de caridade, antecipando o desencarne do doente.

A eutanásia, o aborto e a pena de morte são três crimes hediondos que não encontram respaldo na Doutrina Espírita, e se algum seguidor do Espiritismo diz que aceita a prática desses crimes, desde que em determinadas circunstâncias, é porque não conhece devidamente a doutrina que abraçou. Não se admite meio-termo a esse respeito: ou se é a favor, ou se é contra, e o Apóstolo Paulo define o nosso proceder nesse sentido quando diz: *Que o vosso falar seja sim, sim, ou não, não.*

Quem aplica a eutanásia movido por sentimentos humanitários, certamente desconhece as causas profundas e enigmáticas que dão origem aos sofrimentos humanos, de procedência real e justa, coerentes com a lei de ação e reação, acrescendo o fato de que só quem pode tirar a vida é, indubitavelmente, quem a deu.

Ao provocar o desencarne prematuro do enfermo, tiramos dele a oportunidade de utilizar mais tempo para o seu próprio aperfeiçoamento, porque, às vezes, até mesmo uns poucos minutos de vida são suficientes para que o doente terminal faça uma reflexão e chegue ao arrependimento das faltas cometidas, recebendo de imediato dos irmãos superiores os primeiros socorros no plano espiritual.

Da mesma forma como o suicida tenta fugir dos seus problemas através da autodestruição, quem pratica a eutanásia comete um crime idêntico ao tentar livrar o enfermo terminal de um aparente mal que na maioria das vezes é um bem, pois as dores e os sofrimentos, quando bem aceitos, provocam uma catarse íntima, banhando de lágrimas não só o rosto, mas principalmente o coração.

A VIDA É UM BEM INALIENÁVEL, uma responsabilidade individual de quem a sustenta, mas que necessita do apoio de todos, acrescendo ainda que a Ciência existe em função de curar a criatura e não de matar, mesmo que, em determinados casos, ela seja impotente para salvar a vida dos doentes terminais.

O ato de praticar a eutanásia é egoísta e desumano, porque quem comete o crime se arvora em um direito que não é seu.

Apropria-se de um coração que não lhe pertence, decidindo unilateralmente o destino de uma pessoa, que, às vezes, nem mesmo conhece direito em profundidade, comprometendo-se com o futuro de uma forma insana e real.

A situação dos espíritos que desencarnam através da eutanásia é muito triste no mundo espiritual. Ao tomar conhecimento de que sua morte não foi natural, e sim provocada por uma pessoa que se dizia sua amiga ou por membros de sua parentela familiar, cai num estado de prostração e frustração, tristeza e revolta, levando, quase sempre, um longo tempo para a recuperação total do choque provocado pela ação brutal daqueles que, por obrigação, deveriam envidar todos os esforços para que tivesse mais tempo de vida, amparando e dando condições plenas de vitalidade ao enfermo para que a morte pudesse ter ocorrido de forma gradativa e natural.

25

FRASES DE IMPACTO

Não faço o bem que eu quero, mas pratico o mal que não quero. Ora, se eu faço o que não quero, já não sou eu que estou agindo, e sim o pecado que habita em mim.

Essa assertiva do Apóstolo Paulo é taxativa quando nos deixa claro que o mal que sofremos nos dias de hoje é ainda fruto da nossa imperfeição, do nosso atraso moral, e que só o trabalho e muitas experiências no campo da carne poderão ajustar a nossa consciência humana aos preceitos divinos da consciência cósmica.

O homem precisa trabalhar muito, viver muito e exercitar todas as experiências terrenas durante muito tempo para que depois de muitas vidas, muitas mortes, e ainda muito tempo, continuar a ser ele mesmo.

Esse pensamento é do religioso Dom Helder Câmara, que aborda, com muita sabedoria, que a nossa evolução intelectual e moral será paulatina, gradativa e homeopática, a fim de que as experiências sadias fiquem estratificadas no nosso ser imperecível, assim como precisamos descartar, com o concurso do tempo, nossos vícios, desejos e paixões, sendo inútil a tentativa de mudanças íntimas através de decretos ou medidas provisórias automáticas.

> *O verdadeiro homem não é aquele que vence os outros, e sim aquele que vence a si mesmo.*

Com essa frase de impacto, Sócrates, o filósofo grego que viveu 500 anos antes do Cristo, adverte que devemos concentrar nossas atenções em todos os campos de experiência terrena, em nós mesmos, questionando diuturnamente o nosso comportamento diante dos outros, mantendo um controle rígido das nossas palavras, pensamentos e atos, a fim de não prejudicar ninguém, esquivando-se de ajuizar os semelhantes, tendo sempre em mente o sabor real da vitória sobre si mesmo.

> *A felicidade não é deste mundo, e mesmo que o homem possuísse todo o poder, toda a riqueza, toda a saúde e beleza, ainda assim, ele não seria completamente feliz.*

O Rei Salomão enfoca nos provérbios que constam do *Velho Testamento* que a felicidade aqui na Terra é fugidia, temporária e frágil. Nosso planeta é de provas e expiações, e ainda somos imperfeitos para assimilar qualquer tipo de desgosto, além de termos uma visão errônea a respeito de como ser feliz, observando sempre as coisas externas quando, na realidade, a felicidade é interna, uma espécie de êxtase da alma, que certamente se reflete no próprio coração, quando conseguimos estruturar uma consciência plena, sem culpas nem remorsos, mas radiante da alegria pela oportunidade ímpar de estar na Terra.

Deixe que os mortos enterrem os seus mortos.

Com essa frase polêmica, Jesus deixou-nos uma lição de grande profundidade a respeito dos nossos anseios íntimos e, em nenhum momento, se posicionou contrário ao ato caridoso de sepultar os mortos, e sim quis dizer que aquele companheiro a quem chamou para segui-lo já estava pronto, era um fruto espiritual maduro, pronto para ser recolhido.

Enquanto os outros deveriam esperar mais algum tempo até que, cansados das experiências malfadadas da vida, buscassem O *Reino de Deus* tão bem evidenciado pelo Cristo, mas que só entusiasmou aqueles cujos corações Deus já tocara, como aconteceu com o discípulo que acompanhava o enterro do próprio pai. Os outros estariam, segundo Jesus, mortos temporariamente, não do corpo físico, mas do espírito, e por isso deveriam ser deixados entregues à própria sorte a fim de serem modificados através do concurso do tempo.

Em verdade vos digo que não saireis de lá enquanto não houverdes pago até o último centavo.

A lei de ação e reação é a tônica dessa assertiva do Cristo. O mestre deixa claro que, enquanto estivermos endividados com a retaguarda, permaneceremos presos aos nossos adversários, vivenciando experiências criminosas no campo da carne em reencarnações sucessivas e, às vezes, até repetitivas, a fim de aprendermos a lei do infinito amor.

Busque o Reino de Deus, e as outras coisas vos serão acrescentadas.

A advertência de Jesus, nessa frase, visa conscientizar o homem do perigo que os bens terrenos representam em nossa vida, sem condenar aqueles que através do trabalho honesto conseguem amealhar recursos da fortuna material. O perigo real está no apego demasiado a esses bens que, às vezes, são utilizados de forma egoística sem a multiplicação das formas do bem, em que as pessoas se tornam escravas do dinheiro em detrimento dos valores espirituais, que são imperecíveis e aceitos em qualquer dimensão do Universo Infinito.

Vós sois o sal da Terra. Ora se o sal for insosso, com que o salgaremos?

Jesus compara a nossa palavra, o nosso exemplo, os nossos sentimentos e os nossos pensamentos ao condimento caseiro que chamamos de sal, porque o sal quando acrescentado a outra substância modifica-lhe para melhor o sabor, qualifica o gosto, o paladar, e é exatamente isso que Jesus espera de nós, que a nossa palavra possa salgar a vida dos nossos irmãos de luta, fazendo com que eles cresçam, imprimindo-lhes otimismo, coragem, determinação, compartilhando, com todos, as alegrias e as tristezas da vida, numa ação social importantíssima, para aqueles que realmente desejam avançar com equilíbrio na direção do infinito.

26

VISÃO E ESPIRITUALIDADE

Jesus, o divino amigo incondicional das criaturas, deixou uma mensagem imorredoura ao analisar a importância da nossa visão.

Disse Jesus:

Os vossos olhos são a luz do corpo; se essa luz for trevas, todo o corpo estará em trevas, deixando claro que a nossa visão externa do mundo em que vivemos influi de maneira decisiva nas nossas vidas, criando imagens que se fixam no nosso "corpo espiritual" (perispírito) e no nosso cérebro, enobrecendo a nossa mente ou provocando distonias físicas e mentais, dependendo, é claro, da forma como observamos o mundo que nos rodeia.

Diariamente, os nossos olhos captam imagens vivas que se movimentam no nosso íntimo, deixando impressões nos nossos sentidos, incitando-nos a agir de acordo com o registro que fizermos com os olhos naturais, o que leva a crer que, para retirarmos dos centros de sensibilidade qualquer imagem deletéria, é necessário que outras imagens possam ocupar o lugar preenchido, e isso só pode ocorrer depois que mudarmos o nosso modo de ver, estabelecendo diretrizes novas, escudadas pelo Evangelho do Cristo.

É importante que o homem deseje ver tudo o que existe, mas só deve guardar consigo aquilo que for bom, que for saudável, selecionando com equilíbrio as imagens que possam lhe causar bem-estar, alegria e felicidade.

Quem através dos olhos só conseguir ver enfermidades, certamente acabará doente, o mesmo ocorrendo com todos os que só visualizam a maldade, o sexo, a riqueza material, a maledicência, o ódio, o rancor e o ressentimento, criando imagens mórbidas que provocarão "implosões psíquicas" de difícil cura e de difícil diagnóstico.

Os nossos olhos são dons divinos dados por Deus, por empréstimo, para que possamos perceber o que se passa à nossa volta, enriquecendo nossas atividades, valorizando-as com a edificação de um Cristo interno.

Os milhares de *não videntes* que perambulam em nosso planeta, em provas dificílimas, são na realidade quase sempre, com raras exceções, devedores da retaguarda, que aqui voltam para encenar, no mesmo teatro da vida, as cenas que vivenciaram, utilizando a visão como instrumento de opressão, e que agora voltam para ressarcir os débitos junto aos seus semelhantes, transformando as sombras do passado em luz do presente.

Possuir uma visão otimista do mundo, procurando, sempre, ver o lado melhor das pessoas, olhando com carinho e atenção os deserdados da sorte, as crianças de rua, os idosos e os que envergam distonias físicas e mentais que dão ao homem terreno uma rigidez espiritual excelente, abrindo-lhe, de par em par, as portas iluminadas das regiões rarefeitas do infinito.

Ver com equilíbrio é uma arte que se conquista através de muitas experiências, no mundo físico e no mundo espiritual, depois de muitas reencarnações em que o homem é submetido ao cadinho das depurações, assimilando sempre novas lições, convivendo com novas provas, até chegar a um ponto em que a sua visão se amplia ao infinito, dando ao homem terreno condições de utilização dessa luz do corpo físico, corrigindo vícios, desejos e paixões, pois, para o sensual, todas as pessoas são sensuais; para o maledicente, todos falam da vida alheia, o mesmo ocorrendo com todas as viciações no campo físico e mental, porque, na realidade, vemos nos outros o que realmente somos.

Combatendo as más tendências e os maus pendores, aos poucos, vamos modificando a nossa visão externa, construindo, paralelamente, a visão interna do espírito imortal.

27

ASSERTIVA ALFABÉTICA (DE A A Z)

Abstenha-se de proferir palavras que possam ferir os outros, assim como tenha o cuidado especial de manter um relacionamento amistoso com pessoas de sua convivência, entesourando laços fraternos e de amizade que se transformam em moeda corrente, de valor incalculável, depois que atravessamos as águas enigmáticas do rio da morte.

Beba com ânsia e sofreguidão a água do conhecimento espiritual, porque a cultura no campo físico e mental dá ao homem terreno a fortaleza íntima necessária à sua evolução, transformando os obstáculos, as dores e os sofrimentos, mesmo quando pungentes, em simples estágios de reflexão, moldando a nossa personalidade com as características da paciência, da caridade, da tolerância e do amor.

Contenha-se para não enfrentar perigos sem que tenha meios de ultrapassá-los, a fim de não colocar em risco a longevidade de seu corpo físico, instrumento divino destinado ao seu progresso intelectual e moral.

Dirija o seu veículo automotivo com cuidado, disciplina e segurança obedecendo às leis de trânsito, a fim de evitar acidentes comuns nos dias de hoje, em que muitas vidas são ceifadas, comprometendo a sua consciência e dificultando o prosseguimento de sua jornada.

Espere sempre o momento certo para emitir a sua opinião sobre qualquer assunto, levando em consideração a opinião dos outros e procurando sempre um meio-termo que possa satisfazer a todos, sem, no entanto, deixar de expressar com sinceridade e serenidade o seu ponto de vista.

Faça ao final do seu dia de trabalho um retrospecto de tudo que você experimentou e viveu desde as primeiras horas da manhã e se assegure de que não prejudicou ninguém e que fez o melhor possível dentro de suas possibilidades.

Garanta com antecipação a sua participação em eventos que tenham cunho espiritual ou campanhas que visam aos necessitados, assim como as visitas aos hospitais, presídios, orfanatos e casas de amparo à velhice.

Hipoteca a sua solidariedade às famílias que passam por necessidades físicas e espirituais, demonstrando o desejo sincero de ajudar, colocando-se à disposição para resolver os assuntos que estiverem ao seu alcance.

Imponha a si mesmo um regime duro de abstenções, desfazendo-se aos poucos de tudo o que for ruinoso para o seu corpo físico e para o seu espírito, estruturando um homem interno novo, com menos necessidade no campo da matéria.

Junte, sempre que possível, aos seus dotes morais e intelectuais uma dose forte de otimismo, de fé, de esperança e de amor para que os caminhos que, certamente, terá que percorrer possam estar livres de quaisquer obstáculos, atrasando a sua marcha evolutiva.

Limpe o seu coração com a vacina da prece, do recolhimento e do silêncio, estabelecendo um clima interior de luz que certamente irradiará para fora de você, envolvendo todos que partilham da sua convivência diária.

Mantenha o firme propósito de evoluir, sempre, procurando as fontes da sabedoria e do conhecimento onde elas estiverem, reconhecendo que a cultura representa a verdade, e a verdade nos libertará.

Normalize seus afazeres e suas atividades em todos os campos e procure impor uma sequência disciplinada, não desviando nem para a esquerda nem para a direita, e sim visualizando um ponto fixo no horizonte que certamente irá atingir.

Organize a sua vida de modo que ela se torne simples, fácil de ser administrada, envolvendo-se sempre com coisas fáceis e abandonando as confusas, que só deverão ser enfrentadas quando possuirmos uma estrutura igualmente complexa.

Procure fazer da gratidão o seu lema de verdade e de reconhecimento, agradecendo, diariamente, a Deus pela vida e pela oportunidade de estar aqui, aos pais, à parentela familiar e aos amigos em geral, pela força que nos dão durante a nossa estadia aqui no planeta.

Queira sempre estar pronto para o diálogo, nunca se fechando numa posição unilateral, provocando aversões gratuitas que se avolumam com o tempo, transformando simples contendores em terríveis inimigos.

Regularize no mais curto espaço de tempo os seus negócios no campo da matéria, procurando solucionar todos os problemas, a fim de não ser surpreendido pela morte, deixando muitas pendências no campo da carne.

Suspire de vez em quando demoradamente, ansiando o término da jornada e a libertação da roupagem carnal, sem, no entanto, se fixar na ideia de morte, deixando que as surpresas do tempo possam nos levar aos poucos ao objetivo que nos propomos alcançar.

Trabalhe sem cessar todos os dias de sua vida, fazendo com que a morte o surpreenda em serviço, coroando de êxito sua passagem aqui na Terra, com frutos sazonados pela luta e pela persistência no bem, antecipando em muito a nossa felicidade no mundo espiritual.

Utilize todos os recursos colocados à sua disposição e aqueles que você mesmo conquistou para ajudar os que ainda tateiam nas trevas da ignorância, angariando créditos junto aos nossos irmãos mais iluminados.

Veja sempre com amor e carinho todos aqueles que jornadeiam ao seu lado, mesmo que sejam bravios ou coléricos, pois não passam de crianças espirituais que não sabem o que fazem e que não atingiram ainda a luz da razão.

Xingamentos, impropérios e palavras de baixo calão não devem fazer parte do seu repertório oral ou escrito, e é imprescindível que assuma uma posição contrária a tudo de ruim que possa sair da sua boca, porque o que entra na nossa boca pode ser ruinoso, mas o que sai é sempre muito pior.

Zele pelo seu comportamento diante dos outros, não dando nenhum motivo para que falem mal de você, deixando com seu exemplo os inimigos gratuitos envergonhados, que com o tempo acabam modificando o conceito a seu respeito, tornando-se, às vezes, grandes amigos, aumentando o contingente daqueles que caminham com você nessa jornada milenar na direção das estrelas.

28

VOCÊ ACREDITA EM ET?

A existência de seres extraterrestres é ainda para o homem moderno de hoje um enigma, uma incógnita difícil de ser equacionada, porque o nosso grau de conhecimento ainda é precário no que se refere ao macrocosmo e ao microcosmo, deixando-nos impotentes diante de um assunto tão excitante que aparece, constantemente, nos noticiários de todas as nações do mundo.

Jesus afirmou: *Na casa de meu Pai há muitas moradas*, deixando claro que, além da Terra, milhares de outros planetas serviriam de moradia para os filhos de Deus, e isso já é confirmado pelos gigantescos radiotelescópios que já identificaram e pesquisaram na nossa Via Láctea mais de mil estrelas, sendo que essa quantidade de astros ou sóis devassados corresponde apenas à milionésima parte de 1% do total de nossa galáxia. É importante ressaltar que, em muitas dessas estrelas, foi detectada a presença de componentes atômicos idênticos aos da Terra, provando também que o Universo em que vivemos é um imenso laboratório químico que oferece possibilidade à existência de civilizações extraterrenas.

Outra observação importante: os espíritos desencarnados podem ser considerados extraterrestres, pois não vivem mais no nosso mundo, apesar dos contatos diuturnos que mantemos com eles, estacionados em um plano diferente do nosso, mas em perfeita sintonia de solidariedade conosco.

Se ainda não descobrimos vida em outros planetas, é porque não conseguimos ainda entender como a vida se processa aqui em toda a sua plenitude, por serem os nossos sentidos, encarregados das nossas percepções, restritos, só conseguindo avaliar, e assim mesmo de maneira falha, o que se passa ao nosso redor.

Os ETs, assim como nós, são representantes divinos, embaixadores de outras civilizações, talvez mais inteligentes que a nossa, possuidores de grande acervo nas experiências evolutivas, muitas delas com domínio completo de pensamento contínuo e da mente imortal, e é exatamente por isso que são prudentes, educados e só se aproximariam de nós de uma forma materializada, completa, se isso nos ajudasse em alguma coisa, nunca por curiosidade ou vaidade.

Possivelmente, os ETs estão espalhados por todo o Universo infinito, com grande poder de intercomunicação no sistema planetário, mas também enquadrados na lei de afinidade fluídica que aproxima ou afasta os seres, dependendo, é claro, das condições vibratórias oferecidas pelas partes interessadas no diálogo.

Todas as fotografias apresentadas até agora, em que os ETs ostentam o semblante de lagartixa ou outros lacertídeos da mesma espécie, não passam de especulação e, principalmente, do orgulho e da vaidade do homem terreno, que sente prazer em desenhar um ser que ele não conhece, apresentando uma fisionomia ridícula a ponto de o assunto cair no descrédito, até mesmo de pessoas ignorantes.

Tudo o que existe no Universo – impérios estelares, galáxias, sóis, planetas – deve ser partilhado, e os seres solidários devem sempre evidenciar que uma intercomunicação com outros mundos é possível, mas isso só ocorrerá quando o homem terreno se despir dos andrajos esfarrapados do ódio, do rancor, do ressentimento, da mentira, da avareza, do egoísmo e da maldade, vestindo, após muitas experiências no campo da carne, a roupagem iluminada e sublime do verdadeiro amor.

A própria Terra em que vivemos é um planeta que se encontra em processo gradativo de evolução, e, segundo os cientistas atuais da Astronomia, ela caminha aceleradamente na direção das campinas siderais da constelação de Hércules, devendo lá chegar quando a sua humanidade terrestre estiver desvencilhada das paixões grosseiras da matéria. Só assim, desprovidos das garras do egoísmo, quem sabe, possamos manter um diálogo mais amistoso com os nossos amigos ETs, tão vilipendiados por nós, mas que, mesmo assim, nos aguardam nas alturas incomensuráveis do infinito.

Acresce ainda o fato de que a estrela mais próxima da Terra está afastada a uma distância de algumas centenas de anos-luz, o que inviabiliza a utilização de veículos movidos por qualquer tipo de combustível que conhecemos; no entanto, essa possibilidade de intercomunicação pode se tornar real se utilizarmos o pensamento contínuo, o veículo fluídico da mente imortal, coroando de êxito as palavras evangélicas do Cristo: *Se tiverdes fé, podereis transportar montanhas.*

É bom lembrar que o próprio Jesus venceu uma distância incomensurável, através do seu pensamento e da sua "Aura", deslocando-se das alturas do infinito em frações de segundos, para chamar a atenção de Saulo no caminho de Damasco, escolhendo-o para levar o seu Evangelho de amor aos gentios.

Sem se materializar, Jesus utilizou apenas uma partícula infinitesimal do seu pensamento para advertir o seguidor ferrenho da lei mosaica com as seguintes palavras: *Saulo, Saulo, por que me persegues?*

Decorridos quase dois mil anos e ainda pensamos que os aguilhões previstos pelo Cristo seriam exclusivos de Saulo. Puro engano; são também para nós, para toda a humanidade terrestre, e pairam sobre as nossas cabeças como se fossem a espada de Dâmocles a exigir de cada um o esforço hercúleo de renovação constante, a fim de que depois de muito tempo, de muitas experiências no plano físico e espiritual, possamos secundar o Apóstolo Paulo em suas últimas palavras de amor:

Combati o bom combate, terminei a minha a carreira, guardei a fé.

Já não sou eu que vivo, mas é o Cristo que vive em mim.

29

HORÓSCOPO ESPIRITUAL

ÁRIES (DE 21/3 A 20/4)

Reconheça que está vivendo em um mundo conturbado, em processo constante de renovação, exigindo de cada um de nós sacrifício, renúncia e abnegação, a fim de que possamos diminuir a intensidade do nosso autoritarismo, da nossa inveja, orgulho e sensualidade, mantendo a perseverança em todos os atos nobres da vida, aumentando sempre as energias vitais do nosso corpo físico que devem ser canalizadas de forma mais prática e utilitária.

TOURO (DE 21/4 A 20/5)

O planeta Terra é um astro que gira no espaço, conduzindo consigo a sua humanidade, mas apesar dos muitos estudos já realizados continua a ser um enigma para o homem que se perde nesse emaranhado de seres e de coisas, mesmo sabendo que todos temos uma tarefa a cumprir aqui. Por isso, na medida do possível, dedique mais tempo ao amor a seus semelhantes, não se esquecendo também dos comprometimentos familiares, tomando sobre os ombros a responsabilidade de convivência pacífica e harmoniosa com tudo e com todos.

GÊMEOS (DE 21/5 A 20/6)

Procure ser detalhista em todas as suas realizações, seja no campo físico ou espiritual, analisando com cuidado tudo que estiver sob sua responsabilidade, mergulhando com coragem e determinação nos assuntos do dia a dia, fazendo com que a lógica tenha um papel preponderante nas suas experiências no campo da carne.

Não queira fazer tudo ao mesmo tempo, e sim crie um clima prático e inspirado, que certamente o levará à vitória final.

CÂNCER (DE 21/6 A 21/7)

Mesmo não tendo condições de administrar suas finanças, faça um esforço nesse sentido, porque quando nos esquivamos dos assuntos que nos pertencem damos oportunidade para que outras pessoas assumam o nosso lugar, dando margem aos desvios prejudiciais que atormentam nossas vidas.

Em caso de dúvida, procure a ajuda de pessoas sérias e especializadas que, certamente, irão ajudá-lo a exercer a autoridade que lhe é afim.

LEÃO (DE 22/7 A 22/8)

Analise com carinho o modo como você está utilizando o seu potencial físico e mental, viabilizando encontros com novos amigos, conquistando laços de amizade e de fraternidade, fugindo da estagnação através de um processo de renovação constante, desenvolvendo seu amor e compreensão.

VIRGEM (DE 23/8 A 22/9)

Faça uma viagem astral por dentro de você mesmo, promovendo a transformação do seu espírito, utilizando para isso a caridade, lembrando sempre que as mudanças que realizamos em nós trazem a harmonia e a cordialidade dos outros, principalmente quando temos uma visão imparcial em qualquer tipo de julgamento.

LIBRA (DE 23/9 A 22/10)

Ainda existem muito romantismo e sedução no seu íntimo, levando-o, às vezes, a ser irreverente e precipitado.

Procure uma nova visão, humanitária, da comunidade em que vive e procure agrupar *amigos* em torno de você, através de relações fraternas, que são de grande utilidade no campo físico e mental.

ESCORPIÃO (DE 23/10 A 21/11)

Medite sobre as qualidades intelectuais e morais que precisa aprimorar, dando maior disponibilidade para o afeto e a generosidade, não guardando ressentimento nem rancor por nada na vida, abrindo sempre novos canais de entendimento com os outros através do plantio de sementes espirituais.

SAGITÁRIO (DE 22/11 A 21/12)

O esforço e a persistência no trabalho contínuo farão com que você encontre sempre momentos felizes de inspiração e transcendência, que deverão ser utilizados no seu aperfeiçoamento intelectual e moral.

Seja sempre fiel aos seus ideais, mas não queira fazer ultrapassagens perigosas, atropelando os outros, porque o verdadeiro vencedor é aquele que vence a si mesmo.

CAPRICÓRNIO (DE 22/12 A 20/1)

Tenha cuidado com o entusiasmo exagerado, que pode levá-lo a decepção.

Algumas surpresas serão irresistíveis para você, principalmente no campo da sedução, mas você possui recursos internos naturais que, se observados, irão canalizar suas energias para o bem dos semelhantes, dando oportunidade para que o tempo possa coroar de êxito suas realizações. Seja destemido e forte, caminhando sempre para frente e para cima.

AQUÁRIO (DE 21/1 A 19/2)

Por muito tempo ainda, você terá que conviver com as imagens retratadas pelo seu inconsciente. Não se fixe nelas, siga sempre em frente sem olhar para trás, tendo como meta o trabalho, aprimorando cada vez mais a sua personalidade e aumentando o nível das emoções que o envolverá, principalmente durante o sono, quando em sonhos poderá experimentar êxtases inimagináveis pela criatura humana.

PEIXES (DE 20/2 A 20/3)

Seja imparcial em todas as oportunidades de julgamento em que estiver envolvido, superando as dificuldades com compreensão e renúncia, trabalhando em parceria, fugindo das ilusões que se apresentam em duvidosas aparências, fazendo do seu viver um ato de doação, porque, quando avançamos o sinal fraterno dos outros, criamos aversões que, muitas vezes, ultrapassam os limites das dimensões humanas.

Esta obra foi produzida nas
oficinas da Imos Gráfica e Editora na
cidade do Rio de Janeiro